DES LIBÉRAL[ITÉS]

FAITES PENDANT LE MA[RIAGE]

ENTRE ÉPOU[X]

EN DROIT ROMAIN ET EN DROIT [FRANÇAIS]

THÈSE POUR LE DOCT[ORAT]

SOUTENUE PAR

EMILE-AUGUSTE-THÉOPHILE DELA[...]

AVOCAT A LA COUR IMPÉRIALE DE PARI[S]

Né à Valenciennes (Nord)

le vendredi 22 Avril 1870 à 2 h[eures]

Président : M. VALETTE

SUFFRAGANTS :
MM. DEMANGEAT
COLMET DE SANTERRE
RATAUD
GÉRARDIN

PARIS

ANCIENNE MAISON GUSTAVE RETAU[X]

PICHON-LAMY ET DEWEZ, LIBRAIRES

Rue Cujas, 15

—

1870

FACULTÉ DE DROIT DE PARIS

DES LIBÉRALITÉS

FAITES PENDANT LE MARIAGE

ENTRE ÉPOUX

EN DROIT ROMAIN ET EN DROIT FRANÇAIS

THÈSE POUR LE DOCTORAT

SOUTENUE PAR

EMILE-AUGUSTE-THÉOPHILE DELADERRIÈRE

AVOCAT A LA COUR IMPÉRIALE DE PARIS

Né à Valenciennes (Nord)

le vendredi 22 Avril 1870 à 2 heures

Président : M. VALETTE

SUFFRAGANTS :
MM. DEMANGEAT
COLMET DE SANTERRE
RATAUD — PROFESSEURS
GÉRARDIN — AGRÉGÉ

PARIS

ANCIENNE MAISON GUSTAVE RETAUX.

PICHON-LAMY ET DEWEZ, LIBRAIRES-ÉDITEURS,

Rue Cujas, 15

1870

C.

A LA MÉMOIRE DE MA BONNE MÈRE

A MON PÈRE

A MON FRÈRE

A MES PARENTS ET AMIS

INTRODUCTION

Nous nous proposons d'étudier les règles qui ont été successivement appliquées en droit romain et en droit français, à la matière des libéralités entre époux.

Laissant de côté les libéralités qui peuvent intervenir entre les futurs époux avant le mariage, nous ne nous occuperons que des libéralités entre époux proprement dites, c'est-à-dire de celles qui ont lieu pendant le mariage.

Nous verrons que la législation a présenté en cette matière de profondes et de nombreuses variations, qui s'expliquent d'ailleurs par la difficulté de concilier d'une manière complète ces deux intérêts opposés : d'une part, la satisfaction à donner aux désirs légitimes des époux, qui veulent se témoigner leur affection par des libéralités ; d'autre part, la protection à accorder aux époux contre les entraînements d'un amour irréfléchi. La tendance bien naturelle des époux à se gratifier l'un l'autre peut, par son excès, devenir un véritable danger, que les législateurs ont voulu prévenir dans l'intérêt des conjoints eux-mêmes, dans l'intérêt de leurs familles respectives, dans l'intérêt de leurs enfants, et surtout de ceux de ces enfants qui seraient issus d'une précédente union.

La division de notre sujet se présente d'une manière naturelle en trois parties : 1° Droit Romain; 2° Ancien Droit Français ; 3° Droit Français Moderne.

PREMIÈRE PARTIE

DROIT ROMAIN

Le droit romain nous donne un exemple remarquable de ces variations de la législation en notre matière. À une première période de liberté complète, sur laquelle nous avons· peu de renseignements, succède en effet une période de prohibition très-énergique, mais non pas absolue : car le droit romain dans sa plus grande rigueur ne prohiba jamais entre époux les libéralités qui ne devaient produire effet qu'après la dissolution du mariage, telles que les libéralités testamentaires, les donations à cause de mort, etc.; mais il prohiba au contraire entre époux les donations entrevifs, et en prononça la nullité complète. Cette nullité absolue était un excès, que le droit romain reconnut lui-même, et auquel il fut remédié par un sénatusconsulte de l'an 206 de l'ère chrétienne. Désormais ces donations purent devenir rétroactivement valables, lorsque l'époux donateur, qui avait toujours la faculté de les révoquer, avait persévéré jusqu'à sa mort dans la volonté de donner. Cet état de choses se maintint jusqu'à Justinien ; mais, dans un autre ordre d'idées, les empereurs chrétiens avaient déjà compris la nécessité d'apporter un frein aux libéralités entre époux en cas de secondes noces, dans l'intérêt des enfants du premier lit; c'est ce qui fut fait dès la fin du IVe siècle par les célèbres constitutions *Fœminœ quœ, Hac edictali*, etc. modifiées plus tard par le droit de Justinien.

Nous diviserons donc cette première partie de la manière suivante. Dans un premier chapitre nous dirons quelques mots de l'ancien droit romain antérieur à la prohibition. Le second chapitre, de beaucoup le plus important, sera consacré au droit romain, tel qu'il était sous l'empire de cette prohibition. Dans un troisième chapitre nous rechercherons les modifications faites au droit antérieur par le sénatusconsulte de l'an 206. Enfin un quatrième et dernier chapitre comprendra l'étude des restrictions apportées aux libéralités entre époux en cas de secondes noces.

CHAPITRE PREMIER

Ancien droit romain

Aux premiers siècles de Rome, par suite de la constitution même de la famille, il ne pouvait être question de donations entre époux. Il est en effet très-probable, qu'à l'origine, le mariage donnait toujours au mari sur la femme ce droit de puissance que les Romains appelaient *manus*. La femme passait alors de la famille de son père dans celle de son mari ; *in familiam viri transibat, filiæque locum obtinebat* (Gaius, *Inst.* Com. I. § 111). Or « dans l'ancienne famille romaine, il n'y « avait qu'un seul patrimoine pour le père et les en- « fants ; lorsque la femme entre dans la famille par la « *conventio in manum*, tout ce qu'elle possède tombe « dans ce patrimoine commun ; tout ce qu'elle acquiert « par la suite vient le grossir. » (P. Gide, *Condition privée de la femme*, p. 135.) A cette époque toute donation était évidemment impossible entre époux; d'une part, la femme ne pouvait rien donner au mari, puisqu'elle n'avait rien à elle; d'autre part, le mari, en donnant à sa femme, aurait fait un acte inutile, puisque toute chose acquise par la femme appartenait au mari.

Plus tard, à côté du mariage antique qui exigeait des formes solennelles et produisait par suite de la *manus* le changement de famille de la femme, on voit apparaître un mariage nouveau que l'on a appelé souvent mariage libre, se contractant par le simple consentement et laissant la femme dans sa famille. Déjà dans la loi des XII Tables, la *manus* n'est plus une conséquence nécessaire et immédiate du mariage ; elle subsiste bien, mais le mari ne peut l'acquérir qu'au moyen de certaines formes particulières, qui sont distinctes du mariage et que Gaius nous expose. (Com. I, § 110 et seq.) De son temps elle avait même disparu presque complétement (Ibid. § 111). La *manus* cessant d'être une conséquence nécessaire du mariage, la distinction des patrimoines des époux entraînait la possibilité des donations entre eux ; ces donations paraissent même prendre un grand développement ; chacun des époux ayant des biens propres, il était naturel qu'il pût en disposer au profit de son conjoint. La donation entre époux, loin d'être défendue, semble au contraire favorisée. C'est ainsi que la loi *Cincia* qui apporte des restrictions aux donations entre-vifs (en les prohibant au delà d'un certain taux dont nous ignorons le chiffre exact), fait exception en faveur des époux. *Excipiuntur et adfinium personæ, ut privi-*

gnus privigna, noverca vitricus, socer socerus, gener nurus, VIR ET UXOR, *sponsus sponsa. (Frag. Vatic. §* 320). Nous voyons donc à cette époque (an 550 de la fondation de Rome, 203 av. J.-C.). une liberté illimitée pour les donations entre époux.

•

CHAPITRE DEUXIÈME

Prohibition des donations entre époux.

SECTION PREMIÈRE

ORIGINE ET MOTIFS DE LA PROHIBITION

Nous trouvons dans les textes du Digeste une règle complétement opposée à celle que nous venons de rencontrer dans l'ancien droit romain : *Moribus apud nos receptum est, ne inter virum et uxorem donationes valerent.* (L. 1ʳᵉ h . t .; *De don. int. vir. et ux.* ; D. XXIV, 1.) D'après ce que nous disions tout à l'heure, cette prohibition ne remonte pas au delà de l'an 550 de Rome. Cependant certains auteurs, et parmi eux M. de Savigny, ont pensé que cette prohibition avait une origine plus ancienne. Ce dernier, pour écarter le § 302 des *Frag. Vat.,* suppose que l'exception dont il y est question n'avait trait qu'aux cas spéciaux où les donations entre époux restèrent permises. Cette supposition

ne nous paraît pas admissible en présence des termes
des §§ 302 et 298 *Fr. Vat.* et des fragments des jurisconsultes qui ont écrit sur la loi *Cincia.* Remarquons
du reste, avec M. Pellat (*Textes sur la dot,* p. 358) que
« les exceptions apportées à la prohibition des dona-
« tions entre époux ont été, pour la plupart, intro-
« duites par des constitutions impériales ou par une
« jurisprudence évidemment postérieure à la loi *Cin-*
« *cia* », et que par suite ce ne peut être à ces cas ex-
ceptionnels que se réfère la loi *Cincia.* C'est donc entre
l'an 550 de Rome et la fin de la République qu'il faut
placer l'origine de notre prohibition.

Cette prohibition ne fut pas l'œuvre d'un acte légis-
latif formel ; ce fut le résultat de la coutume et des
mœurs : « *Moribus receptum est*», nous dit Ulpien. On
a prétendu cependant que notre prohibition dérivait de
l'*auctoritas Prudentum,* en s'appuyant sur un passage
d'un scholiaste des Basiliques qui paraphrase le texte
d'Ulpien par ces mots : *Ex consensu Prudentum, non
scripto (hoc enim est quod dicitur moribus).* Cette opinion ne peut être admise, parce qu'elle confond la coutume, c'est-à-dire le *jus non scriptum,* avec l'*auctoritas
Prudentum* qui fait partie du *jus scriptum,* deux
sources du droit qui étaient cependant déjà distinctes
du temps de Cicéron (Top., ch. 5.).

Quant aux motifs de la prohibition, nous les trouvons exprimés dans les premières lignes de notre Titre
(XXIV, 1, Dig.). D'abord il fallait protéger les époux

contre les entraînements d'une tendresse irréfléchie qui les aurait portés à se dépouiller l'un en faveur de l'autre : *hoc autem receptum est, ne mutuato amore invicem spoliarentur, donationibus non temperantes, sed profusa erga se facilitate.* (L. 2, h . t.) En second lieu on voulait aussi ramener le mariage à son but, l'entretien et l'éducation des enfants ; *nec esset eis studium liberos potius educendi.* (L. 2, h. t.) Enfin on craignait que le plus faible des époux, le plus soigneux de son honneur, ne fût obligé de sacrifier sa fortune pour éviter le divorce : *quia sœpe futurum esset ut discuterentur matrimonia, si non donaret is qui posset; atque ea ratione eventurum, ut venalicia essent matrimonia* (Ead. L. 2).

Ce dernier motif semble bien indiquer encore que c'est vers la fin de la République, lorsque le divorce devint si fréquent, que l'on établit notre prohibition afin de mettre un frein à la cupidité des époux et d'éviter que le maintien du mariage ne fût mis à prix ; *ne concordia pretio conciliari videretur; neve melior in paupertatem incideret, deterior ditior ficret* (L. 3, pr. h. t.).

SECTION II

PERSONNES AUXQUELLES ELLE S'APPLIQUE.

Notre prohibition atteignait tout d'abord les époux ; les donations étaient défendues entre mari et femme, *inter virum et uxorem;* mais nous verrons qu'à raison de l'organisation de la famille romaine, la prohibition dut s'appliquer en outre entre certaines autres personnes que nous aurons à déterminer.

§ I. — ÉPOUX.

Parlons en premier lieu des *Époux.* La prohibition s'appliquait à toutes personnes unies par un mariage légitime actuellement existant. Notons cependant que l'Empereur et l'Impératrice n'étaient pas soumis à cette règle prohibitive; *Donationes quas divus Imperator in piissimam Reginam suam conjugem, vel illa in serenissimum maritum contulerit, illico valere sancimus, et plenissimam habere firmitatem.* (L. 26; *De don. int.* V. 16, Code.)

De ce que notre prohibition supposait un mariage légitime actuellement existant, il résultait qu'elle ne s'appliquait pas: 1° entre concubins ; 2° entre fiancés ; 3° en cas de mariage nul ; 4° entre époux divorcés.

I. — DONATIONS ENTRE CONCUBINS.

Il existait chez les Romains deux unions légales et licites de l'homme et de la femme, le mariage légitime ou les justes noces (*justæ nuptiæ*) et le concubinat (*concubinatus*). Pour eux, « le concubinat n'est pas « une union contraire au droit et à la morale (*injusta*

« *et nefaria*), mais une sorte de mariage de droit na-
« turel permis par les lois... Il diffère des justes noces
« en ceci que ces dernières sont une union civile et à
« proprement parler *légitime* ; le concubinat au con-
« traire est plutôt une union seulement naturelle, que
« l'on contracte avec la permission de la loi, mais non
« d'après la loi *(lege quidem permittente, at non ex*
« *lege*). » (Pothier, Pand. Just. XXV, 7.) Cette union
d'un ordre inférieur produisait comme les justes
noces les effets qui sont de droit naturel, mais non
ceux qui sont de droit civil, tels que la puissance
paternelle, les droits de famille, etc.

Notre prohibition supposant un mariage légitime, il
est bien évident qu'elle n'avait pas d'application entre
concubins; aussi Ulpien nous apprend-il (L. 3, § 1, *in
fine*) que l'Empereur Sévère avait maintenu la donation
faite par un sénateur à son affranchie, *quia non erat
affectione uxoris habitæ, sed magis concubinæ*, parce
qu'il s'agissait d'une concubine et non d'une épouse
légitime. Les donations entre concubins n'étaient même
pas révoquées, lorsque ceux-ci transformaient plus
tard leur union en mariage légitime. (L. 31, pr. *De
donat.* XXXIX, 5, D.)

Cependant cette liberté absolue laissée aux concubins
pouvait être très-préjudiciable aux parents légitimes
et donner lieu à des abus ; les donations en effet pour-
vaient être le résultat d'obsessions et d'influences dan-
gereuses : aussi les Const. imp. y apportèrent-elles des

restrictions. Déjà une Const. d'Antonin (L. 2, h. t., V. 16, C.) avait annulé les donations faites par un soldat à sa concubine *(focaria)* ; mais ce n'était là qu'une exception et une faveur pour les militaires : *Milites meos a focariis suis.... spoliari nolo*, nous dit l'Empereur. Des mesures d'une portée plus générale furent prises par des Const. imp. postérieures qui imposèrent au droit de disposer entre concubins certaines limites que nous n'avons pas à examiner ici.

L'existence du mariage, comme nous le verrons bientôt, n'était soumise à Rome à la nécessité d'aucune formalité légale ; il devait donc être souvent assez difficile de savoir si, entre deux personnes vivant comme mari et femme, il y avait mariage légitime ou *concubinatus*. Les jurisconsultes romains eux-mêmes nous disent : *Concubinam ex sola animi destinatione æstimari oportet. - Concubina ab uxore solo dilectu separatur.* (L. 4, *De concub.* D. XXV, 7. — Paul, Sent. II, 20, § I.)

C'était donc une question d'intention et d'appréciation des faits. Toutefois on avait admis à cet égard certaines présomptions : lorsque la femme avec laquelle cohabitait un citoyen romain était ingénue et honnête, on présumait qu'il y avait entre eux justes noces. (L. 3, *De concub.*, D. XXV, 7. — L. 24, *De ritu nupt.*, D. XXIII, 2.) Au contraire entre personnes *honestate impares* on présumait qu'il y avait *concubinatus*, à moins que des *dotalia instrumenta* n'eussent été dressés ; Justinien

écarta même cette nécessité des *dotalia instrumenta,*
sine aliqua distinctione personarum. (L. 23, § 7, *De
nuptiis,*C. V. 4.)

II. — DONATIONS ENTRE FIANCÉS.

Il était d'usage à Rome de faire précéder les noces
de fiançailles, *sponsalia,* ainsi appelées parce que les
parties se faisaient réciproquement la promesse (*spon-
sio*) de se prendre pour mari et femme. Les donations
entre fiancés étaient permises et même très-usitées,
surtout celles faites par le futur mari à sa future épouse ;
notre prohibition supposant la qualité de conjoints ne
pouvait s'appliquer entre fiancés ; par conséquent,
jusqu'au jour du mariage, et le jour même du mariage,
la donation était valable, si, au moment où elle était
faite, il n'y avait pas encore mariage. *Inter eos, qui
matrimonio coïturi sunt, ante nuptias donatio facta,
jure consistit ; etiamsi eodem die nuptiæ fuerint
secutæ.* (L. 27, h. t.) Il importe donc de connaître
exactement le moment où commence le mariage. Constatons tout d'abord qu'il n'y avait à Rome rien de
semblable à ce que nous appelons la célébration du
mariage ; aucune solennité, aucune forme spéciale
n'était prescrite à cet effet ; les cérémonies qui l'accompagnaient d'ordinaire, la *pompa aliaque nuptiarum
celebritas* (L. 22, *De nuptiis,* C. V. 4.) n'avaient aucun

caractère légal, et leur omission n'empêchait pas la validité du mariage. (V. cependant les nov. 74, ch. 4 et 117, ch. 4, de Justinien.)

Quel était donc à Rome l'élément constitutif du mariage ? Il est bien certain que pour qu'il y ait mariage entre deux personnes, il faut (indépendamment des autres conditions de validité) le consentement de ces deux personnes, leur volonté de vivre ensemble comme mari et femme ; mais ne faut-il pas quelque chose de plus ? Ne doit-on pas exiger en outre la *deductio in domum mariti*, ou une sorte de tradition de la femme au mari, ou une certaine exécution de la volonté des parties ? C'est là une question qui divise les commentateurs ; « et l'on peut dire que de nos jours trois sys-
« tèmes se sont formés sur cette question ; suivant les
« uns, le mariage est un contrat consensuel ; d'autres
« lui attribuent le caractère de contrat réel ; d'autres
« encore prétendent qu'il constitue bien plutôt un
« contrat d'un genre particulier » (Glasson, Du consentement des époux au mariage, p. 30). Nous ne pouvons entrer dans l'examen approfondi de cette question qui nous entraînerait trop loin de notre sujet.

Nous nous bornerons à indiquer notre opinion et à expliquer un texte qui fait partie de notre titre et qui a été très-souvent invoqué dans cette célèbre question ; nous voulons parler de la L. 66, h. t. Selon nous, il ne suffisait pas pour qu'il y eût mariage que les deux parties eussent la volonté de contracter ce lien ; il fallait

de plus une certaine réalisation de cette volonté. Ainsi
la loi 5, *De ritu nuptiarum*, D. XXIII, 2, décide que la
femme absente ne peut contracter mariage en faisant
connaître son consentement par une lettre ou par un
nuncius; c'est donc que le seul consentement ne suffit
pas pour qu'il y ait mariage ; au contraire l'absence de
l'homme (ibid.) n'empêche pas le mariage ; son consentement peut être exprimé *per litteras vel nuncium*
pourvu que la femme soit conduite à son domicile,
quasi in domicilium matrimonii ; car il y a alors dès
à présent une certaine communauté d'existence. Le
plus souvent, en effet, la *deductio in domum mariti*
révélait à la fois la volonté des parties de contracter
mariage et la possibilité de la vie commune ; mais il
pouvait très-bien arriver que d'après leur volonté et
suivant les circonstances, le mariage fût antérieur ou
postérieur à cette *deductio.* Le fragment de Scœvola qui
forme la loi 66, h. t. n'est qu'une application de ces
idées. Le premier prévoit l'hypothèse suivante : « Seia
« devait épouser Sempronius un jour déterminé ; avant
« qu'elle n'eût été *deducta in domum*, et que l'on
« n'eût apposé les cachets sur les *tabulæ dotis,* elle lui
« a donné tant de sous d'or ; je demande si la dona-
« tion est valable. — Il était inutile de dire dans la
« question, si la donation avait été faite avant la *de-*
« *ductio in domum* ou la *consignatio tabularum ;*
« faits qui très-souvent ne se produisent qu'après le
« mariage contracté ; la donation n'est valable que si

« elle a été faite avant le mariage, ce qui dépend du
« consentement. »

Dans cette hypothèse, les deux parties sont en présence puisqu'il y a donation d'une certaine somme de
l'une à l'autre ; il y a donc possibilité de vie commune ;
mais le mariage ne commencera que lorsque telle sera
leur volonté ; il n'y a pas à s'occuper de la *deductio in
domum* ni de la *consignatio tabularum ;* cette *deductio* peut être postérieure au mariage ; en effet la vie
commune peut très-bien commencer dans une maison
de la femme ou dans celle de ses parents et les parties ont pu vouloir qu'il y ait mariage dès cette époque.
A l'inverse le mariage peut être postérieur à la *deductio ;* la future peut habiter chez son futur un ap-
partement séparé et la volonté des parties peut être
que le mariage n'ait lieu qu'au bout d'un certain temps
et ne commence qu'après que les formes habituelles
des *nuptiæ* auront été remplies. C'est l'hypothèse prévue par le § 1 de notre texte : « Une jeune fille a été
« conduite dans une maison de campagne trois jours
« avant le jour fixé pour le mariage qu'elle doit y con-
« tracter ; le jour du mariage, alors qu'elle était encore
« dans un pavillon séparé, avant qu'elle n'eût été re-
« çue *aqua et igni,* c'est-à-dire avant que les noces ne
« fussent célébrées, elle a reçu en don de son mari
« dix sous d'or ; après le mariage, un divorce a eu
« lieu ; on demande si le mari peut réclamer la somme
« donnée ? Le jurisconsulte a répondu : Comme, dans

« l'hypothèse proposée, la donation a eu lieu avant le
« mariage, la somme donnée ne pourra être retenue
« sur la dot. »

Quoi qu'il en soit de cette question, il est certain que
la donation entre les futurs époux était valable pourvu
qu'elle fût antérieure au mariage (L. 27, h. t.). Mais il
fallait pour cela que la donation fût accomplie et parfaite avant le mariage et ne trouvât pas sa perfection
dans le fait du mariage lui-même.

Ainsi on annulait comme une donation faite pendant
le mariage la donation faite entre fianoés sous la condition suspensive que la propriété ne serait transmise
au donataire qu'après la réalisation du mariage. (L. 4,
De don. ante nupt., V. 3, C. — L. 32, § 22, h. t.)

De même si la donation se faisait au moyen d'une
tradition il fallait que cette tradition eût lieu avant le
mariage. La loi 5 *pr. (h. t.)* fait une application de
cette idée. Le jurisconsulte Ulpien suppose qu'un objet
donné par l'un des futurs époux à l'autre a été livré à
une personne tierce, *Titius,* qui ne l'a remis au donataire qu'après le mariage ; la donation est-elle valable?
Ulpien distingue : « Si c'est le mari (le donateur) qui
« a interposé ce tiers, la donation ne vaut pas, parce
« qu'elle n'est parfaite qu'après le mariage. » En effet,
la donation n'est parfaite que si la chose a été livrée au
donataire (ou à son mandataire) avant le mariage ; or
le tiers interposé *Titius* est le mandataire du donateur
et non du donataire. « Si au contraire c'est la femme

« (la donataire) qui a fait l'interposition, la donation
« est parfaite avant le mariage, et quoique *Titius* ne
« fasse la tradition qu'après le mariage contracté, la
« donation est valable. » En ce cas, en effet, la donataire a reçu la chose par son mandataire avant le
mariage.

III. — DONATIONS EN CAS DE MARIAGE NUL

Notre règle prohibitive des donations supposant un
mariage légitime ne pouvait évidemment recevoir
d'application lorsque le mariage était entaché de nullité. *Si quod impedimentum intervenit, ne sit omnino
matrimonium, donatio valebit* (L. 3, § 1, h. t.). Pour
la validité des justes noces, il fallait la réunion des trois
conditions suivantes : 1º le *connubium*, c'est-à-dire la
capacité relative de se prendre pour mari et femme ;
2º la puberté, c'est-à-dire l'âge de 14 ans pour l'homme
(au moins dans le droit de Justinien) et de 12 ans pour
la femme ; 3º le consentement tant des époux que des
personnes à la puissance desquelles ils étaient soumis.
(Ulpien. *Fragm.* T. V, § 2.)

En l'absence de l'une de ces conditions, le mariage
étant nul, les donations devraient toujours être valables comme faites entre *personæ extraneæ.* Tel est
en effet le principe que nous avons vu posé par la L. 3,
§ 1 (*donatio valebit*) ; mais le même texte y apporte

immédiatement de nombreuses restrictions. Les jurisconsultes romains paraissent s'être attachés à cet égard
à la distinction suivante :

1° S'agissait-il d'un empêchement permanent et provenant d'une prohibition formelle, la donation n'était
jamais valable, quoique le mariage fût nul. Ainsi supposons qu'un sénateur eût épousé une affranchie, ou
un gouverneur une femme de la province où il exer-
çait ses fonctions, ou un tuteur sa pupille (L. 3, § 1,
h. t.), ces mariages étaient nuls ; cependant les donations qui auraient pu avoir lieu entre ces personnes
n'étaient pas valables ; non qu'elles tombassent sous le
coup de notre prohibition ; mais parce qu'il ne fallait
pas favoriser ceux qui avaient violé la loi *(ne melior
sit conditio eorum, qui deliquerunt)*.

La donation n'en était pas moins nulle alors même
que le mariage avait été précédé de fiançailles ; car les
fiançailles étaient, à cause de l'empêchement que nous
supposons, nulles comme le mariage lui-même.

Du reste l'effet de la nullité de ces donations n'était
pas toujours le même ; en général, les biens donnés,
qui ne pouvaient être recueillis par le donataire, étaient
également perdus pour le donateur ; c'était le fisc qui
s'en emparait. (L. 32, § 28, h. t. — L. 2 § 1, *De his quæ
ut ind.* D. XXXIV, 9.) Mais, si le donateur était excu-
sable, et surtout si c'était en sa faveur que la prohibition était portée, il pouvait reprendre les objets donnés
au moyen d'une action *utile* (L. 7, h. t., C. V. 16).

2° S'agissait-il au contraire d'un empêchement purement temporaire, comme le défaut de puberté, le mariage étant nul, la donation était valable, pourvu qu'elle eût une cause réelle autre que le mariage, par exemple si le mariage avait été précédé de fiançailles. S'il n'y avait pas eu de fiançailles, la donation était annulée, non pas que notre prohibition pût s'appliquer, mais parce que la donation était considérée comme une sorte de *datum ob causam ;* le mariage étant nul, la donation tombait faute de cause. (L. 32, § 27 et L. 65, h. t.)

IV. — DONATIONS ENTRE ÉPOUX DIVORCÉS.

Il ne pouvait plus être question de prohibition lorsque le mariage avait été dissous par le divorce des époux ; les époux divorcés pouvaient donc se faire des donations comme des *personæ extraneæ.* Mais il fallait pour cela que le divorce eût été fait régulièrement. (L. 35, h. t.) Le divorce pour être régulier devait avoir lieu en présence de sept témoins, citoyens romains et pubères, *præter libertum ejus qui divortium faciet.* (L. 9. *De divortiis,* D. XXIV, 2) De même la donation était nulle si le divorce n'avait été que simulé (L. 64, h. t.) ; les époux en effet auraient pu feindre un divorce pour éluder la prohibition des donations, et se remarier ensuite. Il y avait là une question d'appréciation en fait ;

on considérait par exemple que le divorce avait été sincère lorsque l'un des époux avait contracté un nouveau mariage, ou lorsque, les époux s'étant de nouveau réunis, leur second mariage n'avait eu lieu qu'après un long espace de temps (*ibid.*). Il paraît du reste qu'en fait il arrivait souvent qu'une donation intervînt ainsi, précisément dans le but de rétablir le lien conjugal dissous par le divorce.

§ II. — Extension résultant de la puissance paternelle et dominicale

La règle prohibitive des donations entre époux, pour atteindre sûrement son but, dut recevoir une certaine extension nécessitée par l'organisation même de la famille romaine, par la nature et l'étendue de la puissance paternelle et de la puissance dominicale. « Les donations ne peuvent non plus avoir lieu *jure* « *civili* entre les personnes à la puissance desquelles « les époux sont soumis, ni entre celles qui sont sou- « mises à la puissance des époux (L. 4, h. t. V. 16. C.).

Le *paterfamilias* absorbait en effet dans sa personnalité, celle de ses enfants ; tout ce que ceux-ci acquéraient était acquis pour lui ; il n'y avait dans chaque famille qu'un seul patrimoine et une seule personnalité civile. Cette confusion des intérêts aurait pu faciliter les fraudes à la prohibition. Ainsi supposons que la femme fût soumise à la puissance paternelle, le mari aurait évidemment éludé la prohibition, s'il avait pu faire valablement une donation au père de sa femme; car il fut exactement arrivé au même résultat que s'il eut fait la donation à sa femme. De même si la femme avait pu faire une donation au frère de son mari soumis tous deux à la puissance de leur père; etc. On dut donc logiquement prohiber les donations entre ces personnes. Le jurisconsulte Ulpien (L. 3, §§ 2, 4, 5, 6). signale diverses applications de cette extension. En examinant les diverses situations qui pouvaient se présenter suivant que les deux époux ou l'un d'eux seulement étaient en puissance, on arrive à reconnaître que la prohibition devait s'appliquer entre :

<table>
<tr><td>d'une part</td><td>d'autre part:</td></tr>
<tr><td>1o L'un des époux;</td><td>1o L'autre époux;</td></tr>
<tr><td>2• La personne sous la puissance de laquelle il se trouvait;</td><td>2o La personne sous la puissance de laquelle il se trouvait;</td></tr>
<tr><td>3° Les personnes soumises à la même puissance que lui;</td><td>3° Les personnes soumises à la même puissance que lui;</td></tr>
<tr><td>4• Les personnes soumises à sa puissance.</td><td>4° Les personnes soumises à sa puissance.</td></tr>
</table>

En combinant ces quatre termes deux à deux on arrive à $(4^2 + 4) : 2 = 10$, dix hypothèses différentes qu'il est facile de reconstituer à volonté ; observons seulement que la première de ces dix hypothèses (donation d'un époux à l'autre) était le but principal et direct de la prohibition et que la dernière (donation entre les personnes soumises à la

puissance de l'un des époux et les personnes soumises
à la puissance de l'autre,) ne pouvait en réalité se présenter en ce qui concerne la puissance paternelle, les
femmes n'ayant jamais cette puissance.

Cette extension de la prohibition cessait évidemment
lorsque, par suite de l'un des faits qui dissolvaient la
puissance paternelle (comme l'émancipation), cessait
d'exister la confusion juridique des personnes sur laquelle elle était fondée. Ainsi lorsque l'un des enfants
avait été émancipé, la mère pouvait lui faire une donation ou en recevoir une de lui. Pour la même raison
il ne pouvait être question de prohibition entre des
personnes très-proches en alliance, mais entre lesquelles il n'existait aucun lien de puissance : par ex. la
belle-mère pouvait donner à sa bru ou à son gendre
(L. 3, § 7, h. t.; L. 60 pr.) etc.

La puissance paternelle n'appartenant jamais à la
mère, la prohibition ne s'opposait pas à ce que des
donations eussent lieu entre le mari et les enfants que
la femme avait eus d'un premier lit, tandis qu'elle
s'opposait aux donations entre la femme et les enfants
de son mari, restés en puissance, soit communs, soit
issus d'un précédent mariage (L. 3, § 4, h. t.).

Du reste l'application des principes que nous venons
de poser fut nécessairement modifiée par l'introduction
des pécules. Ainsi la mère pouvait donner au fils commun un objet destiné à faire partie de son pécule *cas-
trens* ou *quasi-castrens* (Ibid.). De même depuis la

création du pécule *adventice* sous Constantin toute donation de la mère à ses enfants en puissance dut être considérée comme valable, au moins quant à la nue-propriété, car le père n'avait plus que la jouissance du pécule *adventice*.

Déjà l'on avait admis auparavant que la mère pût constituer une dot à sa fille encore *in potestate patria*, parce que les objets donnés devenaient la propriété du mari. (Frag. Vat. § 269.) Le jurisconsulte Ulpien fait observer que l'on ne tenait pas compte de ce que l'action *rei uxoriæ* à la dissolution du mariage appartiendrait au père et à la fille ; en effet, c'était toujours au profit de la fille en réalité que cette action était exercée. (Conf. L. 34. h. t.)

Tout ce que nous venons de dire de la puissance paternelle s'appliquait également à la puissance dominicale, *verbum potestatis, non solum ad liberos trahimus, verum etiam ad servos.* (L. 3, § 3, h. t.) En effet tout ce que l'esclave acquérait était acquis pour son maître. Par exemple la femme ne peut pas faire une donation valable à l'esclave de son mari; car ce serait faire une donation à son mari. (*Conf.* L. 38 pr. h.t.)

Observons en terminant que la dissolution du mariage des époux mettait naturellement fin à la prohibition entre toutes les personnes que nous venons de déterminer de même que le divorce la faisait cesser par rapport aux époux.

SECTION III

LIBÉRALITÉS AUXQUELLES ELLE S'APPLIQUE.

§ I. — GÉNÉRALITÉ DE LA PROHIBITION

La prohibition, nous l'avons dit, ne s'appliquait qu'aux donations proprement dites ; mais elle s'appliquait non-seulement aux donations directes, mais aussi aux donations indirectes ; *Generaliter tenendum est, quod inter ipsos, aut qui ad eos pertinent, aut per interpositas personas, donationis causa agatur, non valere : quod si aliarum extrinsecus rerum personarumve causa commixta sit,.... si separari possit, cætera valere ; id quod donatum sit, non valere.* (L. 5, § 2, h. t.) Tout ce qui intervenait entre les époux *donationis causa* était frappé de nullité. Aussi, c'est à propos des donations entre époux que les jurisconsultes romains ont surtout étudié les caractères de la donation. Pour connaître exactement l'étendue de la prohibition, nous avons donc à rechercher ce qu'il fallait entendre par donation.

Nous verrons du reste que cette prohibition avait été interprétée avec une grande bienveillance , et nous rencontrerons souvent l'influence de cette maxime posée par le jurisconsulte Paul (L. 28 § 2 h. t.) *Et sane non amare, nec tanquam inter infestos, jus prohibitæ donationis tractandum est; sed ut inter conjunctos maximo affectu, et solam inopiam timentes.*

§ II.—CARACTÈRES DE LA DONATION

« Pour qu'il y ait donation, il suffit qu'un acte juri-
« dique réunisse les conditions suivantes : que l'acte
« soit entrevifs, que l'une des deux parties s'enrichisse
« de ce que l'autre perd : et enfin que celle-ci veuille
« enrichir l'autre partie à ses dépens» (Savigny. Traité
de D. R. IV, § 142 Trad: Guenoux.) Nous définirons donc
la donation un acte entre vifs, par lequel une personne
s'appauvrit volontairement, en enrichissant une autre
personne. Nous allons étudier successivement ces
trois caractères constitutifs de la donation : 1° Appauvrissement du donateur ; 2° Enrichissement du donataire ; 3° Intention d'enrichir de la part du donateur.

I. APPAUVRISSEMENT DU DONATEUR.

Pour qu'un acte constituât une donation, il fallait d'a-
bord qu'il en résultât un appauvrissement de celui qui le
faisait. Par conséquent n'étaient pas des donations et par
suite étaient permis entre époux: 1° les actes de bienveil-

lance qui ne modifient pas l'étendue des biens, tels que le mandat, le dépôt. (L. 58, § 2, h. t.—L. 9, § 2, *De jure dot.* XXIII 3. D.), le commodat. C'est ainsi que chacun des époux pouvait se servir des esclaves, des vêtements appartenant à son conjoint (L. 18, h. t. — *Conf.* : L. 28 § 2 et L. 31 § 1). C'est à propos de cet usage que Paul pose la règle signalée plus haut : *Sane non amare* etc. ; 2º les actes par lesquels on néglige d'acquérir, sans sacrifier un droit acquis.» Les jurisconsultes romains distinguaient en eff t avec soin l'acte par lequel on diminue son patrimoine, de l'acte par lequel on néglige de l'augmenter ; dans leurs idées, ce n'était pas s'appauvrir que négliger d'acquérir.

Ainsi il n'y avait pas donation lorsque le mari, institué héritier, répudiait cette hérédité, afin d'en faire profiter sa femme qui lui était substituée ou qui devait la recueillir *ab intestat*; (L. 5, § 13, h. t.) : *neque enim pauperior fit, qui non acquirit* ; cette répudiation du mari ne tombait donc pas sous le coup de notre prohibition.

Il en était de même, si le mari renonçait à un legs qui lui était fait, afin que sa renonciation profitât à sa femme qui lui était substituée, ou qui était instituée héritière.

De même, à l'inverse, on considérait ces renonciations comme valables, si elles émanaient de la femme qui les faisait dans le but de gratifier son mari. Cette idée n'est pas contredite par la L.14, § 3 *De fundo dot.*

XXIII, 5, D. qui accorde à la femme la faculté de se constituer en dot la succession ou le legs auxquels elle renonce en faveur de son mari ; ce texte suppose évidemment que la renonciation est faite par la femme d'accord avec son mari sur la constitution de dot; la femme et le mari étant d'accord que la répudiation a lieu *dotis causâ*, les objets compris dans la succession ou le legs seront dotaux ; mais si cet accord n'existait pas, les biens acquis par le mari par suite de la répudiation de la femme lui seraient propres.

On considérait encore qu'il n'y avait pas nullité, pour la même raison, dans le cas où l'un des époux sachant qu'une personne était disposée à faire à son profit un legs ou une institution d'héritier priait cette personne de faire cette libéralité à son conjoint, *quia nihil ex bonis diminuitur* (L. 31, § 7, h. t.).

Il en était autrement dans le cas où une chose allant m'être livrée à titre de donation, je chargeais celui qui devait me faire tradition, de remettre cette chose à mon conjoint *donationis causâ*. Cependant a la rigueur le droit abandonné était un droit à acquérir et non un droit acquis ; mais on considérait que dans cette hypothèse, c'était en définitive comme si la chose, m'ayant été livrée et étant ainsi devenue mienne, avait été ensuite donnée par moi à mon conjoint. (L. 3, § 13, h. t.) Même décision, lorsque je chargeais un tiers de livrer à mon conjoint une chose qu'il devait me livrer à titre de donation à cause de mort (L.4, et L.56, h. t.).

quia, illo convalescente, condictione teneor ; mortuo autem, nihilominus pauperior sum ; non enim habeo quod habiturus essem.

C'est qu'en effet cette distinction entre s'appauvrir et négliger de s'enrichir était en définitive quelque peu subtile et pouvait donner lieu en pratique à de graves difficultés.

On admettait aussi comme valable la donation que l'un des époux faisait à l'autre d'une chose qui en réalité ne lui appartenait pas. Le donateur en effet ne s'appauvrissait pas par cet acte. De cette donation il résultait pour le donataire une *justa causa* grâce à laquelle il pouvait, par voie d'usucapion, acquérir la propriété de l'objet. Cependant il faut faire sur ce point une distinction :

1· Il était possible en effet que le donateur fût appauvri par cette donation ; cela arrivait lorsqu'il avait lui-même une possession de bonne foi pouvant le mener à l'usucapion ; en ce cas il y avait appauvrissement du donateur et par suite donation véritable entre époux ; l'usucapion ne pouvait donc s'accomplir au profit du donataire faute de *justa causa.*

2· Si au contraire le donateur manquait lui-même de *justa causa* ou bonne foi, il ne s'appauvrissait pas ; il n'y avait donc pas donation véritable et son conjoint pouvait usucaper. «*Si vir uxori vel uxor viro donaverit, si aliena res donata fuerit, verum est quod Trebatius putabat, si pauperior is qui donasset non fieret,*

usucapionem possidenti procedere . (L. 3, *Pro donato*
XLI. 6. D.)

L'époux donataire a en effet un juste titre ; car, à son
insu, la prohibition ne s'applique pas ; et son erreur
est une erreur de fait, puisqu'elle porte sur la propriété
qu'il croit appartenir à son conjoint ; de plus il est de
bonne foi ; car, croyant son conjoint propriétaire, il
ignore le droit du véritable propriétaire.

On ne considérait pas comme une donation le paiement anticipé d'une dette payable à terme; *quod vir
uxori in diem debet, sine metu donationis, præsens
solvere potest* (L. 31, § 6, h. t.). Il en était de même de
la remise d'intérêts futurs et du report de l'exigibilité
à une date postérieure. (L. 23, pr. *De donat.* XXXIX,
5, D.) A plus forte raison, le prêt fait sans intérêts
n'était pas considéré comme une donation. On esti-
mait en effet que l'intérêt de l'argent n'était pas un
revenu certain ; peut-être le donateur n'aurait-il pas
trouvé à placer son argent à intérêt ; peut-être l'aurait-il laissé improductif ou l'aurait-il employé à
l'achat de choses improductives, objets d'art, etc.

Par la même raison, lorsque l'un des époux avait
fait à l'autre une donation de somme d'argent (en
violation de la prohibition), l'époux donataire ne devait
pas compte des intérêts à son conjoint. (L. 15, § 1, L.
16, L. 17 pr., L. 7, § 3, h. t.)

Dans le cas où la donation ainsi faite portait sur un
objet produisant des fruits (maison, fonds de terre,

troupeau, etc.), que décider par rapport à ces fruits ?
Nous trouvons à cette question trois réponses différentes : Ulpien, rapportant l'opinion de Julien, assimilait les fruits aux intérêts de sommes d'argent. *Fructus quoque, ut usuras, licitam habere donationem* (L. 17, h . t .). Marcellus au contraire décidait que les fruits faisaient partie de la donation, et tombaient sous le coup de la prohibition comme l'objet donné lui-même (L. 49, h. t.). Enfin Pomponius admettait une distinction entre les fruits naturels et les fruits produits par la culture (L. 45 *De usuris* XXII, 1. D.) et décidait que ces derniers appartenaient à l'époux donataire tandis que les premiers étaient sujets à répétition.

Il faut donc reconnaître qu'il y avait divergence sur cette question entre les jurisconsultes romains. La distinction proposée par Pomponius nous semble assez difficile à justifier et surtout peu applicable en pratique. L'assimilation que fait Ulpien des fruits d'une maison par exemple, aux intérêts d'une somme d'argent n'est pas non plus complétement exacte ; car si l'on peut dire que l'argent ne produit pas un revenu bien régulier, etc ; au contraire, les immeubles produisent en général des revenus certains, et il est rare qu'un propriétaire n'en tire aucun profit, soit en les louant, soit en les occupant lui-même. L'opinion de Marcellus au contraire est très-conforme à notre règle prohibitive ; sa décision est donc la plus logique. Mais on conçoit que la question ait pu faire quelque difficulté à cause de la bienveillance avec laquelle l'usage interprétait cette prohibition : *Et sane non amare* etc. (L. 28, § 2, h. t.).

Cela nous amène à dire un mot des *fruits dotaux*. Le mari ne pouvait valablement restituer la dot à là femme avant la dissolution du mariage, sauf dans quelques cas spécialement déterminés (L. 73, § 1, *De jure dot.* XXIII. 3, D. et L. 20 *Soluto Matr.* XXIV, 3, D.), il ne pouvait non plus lui faire remise des intérêts de la dot promise, ni la laisser jouir des biens dotaux (L. 51, § 1. h. t.).

On avait considéré longtemps cette défense faite au mari comme une application de la prohibition des donations entre époux, et l'on s'appuyait en ce sens sur les L. 28. *De pact. dot.* XXIII, 4. D., et L. un : *Si dos const.* V, 19. C. Mais si cette idée était exacte, l'abandon des intérêts de l'argent étant valable entre époux (L. 15. § 1. h. t.), l'abandon des intérêts de la dot devrait l'être également, et la L. 21, § 1, h. t., nous dit exactement le contraire. Aussi est-il généralement admis aujourd'hui que cette défense a un tout autre fondement, et prend sa source dans la loi Julia. Elle est fondée en premier lieu sur la destination même de la dot, qui est de subvenir aux charges du mariage; or ces charges durent autant que le mariage lui-même, et le mari ne peut se dépouiller des moyens d'y faire face en détournant la dot de sa destination. *Dotis causa perpetua est*, etc. (L. 1re, *De jure dot.* XXIII, 3. D.).

Cela est si vrai, que la loi 21, § 1 *in fine*, admet comme valable, l'abandon de la jouissance des biens dotaux à la femme, lorsqu'il a été convenu que la femme en emploierait les revenus à son entretien et à celui de ses gens. — Elle est fondée en second lieu sur l'intérêt même de la femme, à qui il faut assurer la conservation de sa dot, afin qu'elle puisse contracter un second mariage, dans le cas où le premier viendrait à être dissous. *Reipublicæ interest, mulieres dotes salvas habere, propter quas nubere possunt* (L. 2, *De jure dot.* XXIII, 3. D.).

II. ENRICHISSEMENT DU DONATAIRE.

Il ne suffisait pas, pour qu'un acte juridique contînt une donation, que le donateur s'appauvrît; il fallait de plus que le donataire fût enrichi par cet acte.

1° Le défaut d'enrichissement se présentait d'abord, lorsque l'acte juridique ne faisait qu'assurer l'exercice d'un droit existant, sans augmenter l'étendue des biens. Ainsi la constitution d'un gage, comme le cautionnement d'une dette, n'était pas une donation faite au créancier ; il en était de même à l'inverse de la remise du gage au débiteur ; aussi cette remise était-elle parfaitement valable entre époux (L. 18. *Quæ in fr. cred.* XLII, 8, D.).

2° On considérait de même qu'il n'y avait pas donation, lorsque l'enrichissement du donateur devait se perdre par la suite.

Il en était ainsi tout d'abord, lorsque le donataire ne recevait que pour transmettre à un tiers ; la remise une fois opérée, il n'y avait pas alors de donation (sauf toutefois en ce qui touche la jouissance intérimaire) (L. 49, L. 34 h. t.— *Frag. Vat.* § 269).

De même, lorsque la chose était destinée à être employée par le donataire, de manière à ce qu'il en perdît la propriété ; ainsi notre prohibition ne s'appliquait pas en ce qui concerne la donation d'un terrain destiné à l'érection d'un tombeau (*sepulturæ causa*), ou à tout autre usage qui le mît hors du commerce (*ad oblationem Dei*, etc.) (L. 5, § 8 à 12, h. t.). Du reste, en ce cas, la transmission de la propriété était retardée jusqu'au moment où le terrain recevait sa destination. De là, il eût résulté logiquement que, si le terrain était destiné à la sépulture même de l'époux donataire qui viendrait à prédécéder, la donation, ne pouvant s'accomplir de son vivant, eût été caduque ; mais on n'admettait pas cette conséquence rigoureuse. *Favorabiliter tamen dicetur locum religiosum fieri* (L. 5, § 12).

On traitait de même la donation d'un esclave sous la condition qu'il serait affranchi par son nouveau maître : aussi cet acte était permis entre époux, parce qu'il n'en résulte pas un enrichissement (L. 22, h. t. V, 16. C. — *Ulp. Reg.* VII, § 1. — Paul. *Sent.* II, 32, § 2).

En ce cas encore, la propriété n'était transmise qu'au moment de l'affranchissement (L. 7, § 8, 9 — L. 8. — L. 9 pr. h. t.). Le donataire qui accomplissait l'affranchissement acquérait à la vérité la qualité de patron et les droits qui en résultaient ; mais on considérait que ces droits n'avaient pas de valeur vénale et ne sortaient pas des biens du donateur (L. 5, § 5. *De præsc. verb.* XIX, 5. D.). Cette dernière raison s'appliquait aussi aux services ou même à la somme d'argent, promis en retour de l'affranchissement ; ces avantages, ne sortant pas des biens du donateur, ne constituaient pas une donation véritable (L. 9, § 1, h. t. — L. 62, *Sol. Matr.* XXIV, 3. D.).

Dans tous ces cas, la perte postérieure de l'enrichissement du donataire résultait de la volonté même du donateur. Cette perte pouvait provenir aussi d'accidents fortuits. La donation était alors, pour l'avenir, complétement anéantie avec ses conséquences. Ainsi dans le cas d'une donation entre époux, « si ce qui a été donné vient à périr...., c'est au détriment du donateur, etc. » (L. 20, pr. h. t.). Quant au cas où la perte provenait d'un acte volontaire du donataire, nous le retrouverons en parlant des effets de la prohibition.

3° On admettait au contraire qu'il y avait enrichissement, et par suite donation, lorsque le droit conféré par la donation et perdu ensuite était remplacé par un autre. Il en était ainsi, lorsque l'époux acquittait une dette avec l'argent donné, ou qu'il l'employait à l'ac-

quisition d'un objet ; de même, à l'inverse, en cas de
vente d'un objet donné, le prix remplaçait cet objet
(L. 7, § 3 et 7. — L. 28, § 3, 4. — L. 50 pr. h. t.).
Mais la perte de l'objet ou de la somme substitués produisait alors le même effet que la perte de l'objet ou
de la somme donnés (L. 50 § 1, h. t.); et il en était
ainsi même après une seconde substitution (L. 29,
h. t.).

III. — INTENTION D'ENRICHIR

Indépendamment de l'appauvrissement du donateur,
et de l'enrichissement du donataire, il fallait de plus,
chez le donateur, l'intention d'enrichir le donataire.

Ainsi celui qui achetait une chose trop cher ou la
vendait trop bon marché, parce qu'il se trompait sur la
valeur, ne faisait pas une donation. Il n'y avait pas
non plus donation, lorsqu'on faisait un acte que l'on
savait désavantageux, mais avec une intention autre
que celle de gratifier (L. 31, § 3, h. t.), par exemple
si l'on achetait sciemment une chose au dessus de sa
valeur, parce qu'elle vous était indispensable, etc.

Il n'y avait pas donation lorsqu'un héritier testamentaire acquittait en totalité un legs ou un fidéicommis, sans retenir la *quarte falcidie* ou l'indemnité fixée
par le testateur pour tenir lieu de la *falcidie*, si cet
héritier agissait ainsi par respect pour la volonté du
testateur (que l'on supposait toujours n'avoir établi cette

réserve que contre son gré); cette intention pieuse chez le fiduciaire était toujours présumée ; aussi cet acte était-il permis entre époux (L. 5, § 5, h. t.).

Dès que l'intention d'enrichir existait réellement, on ne s'occupait pas du but éloigné que pouvait se proposer le donateur. Un cas qui a soulevé de graves difficultés est celui de la donation rémunératoire. Sans examiner si cette donation devait être traitée de tous points comme une donation pure et simple, constatons seulement qu'elle était en principe prohibée entre époux ; toutefois il était fait exception à cette prohibition dans le cas où le donataire avait sauvé la vie au donateur (L. 34, § 1, *De donat.* XXXIX, 5 D.) ; mais ce fait de sauver la vie est tellement spécial, qu'on ne saurait étendre ce texte à aucun autre motif de reconnaissance.

A propos de l'intention d'enrichir, il nous reste à parler de l'acte juridique qui contient une donation partielle (*negotium mixtum*). « Celui qui reçoit une « chose, et en rend une de valeur moindre, se trouve « enrichi de la différence; si telle est l'intention de « l'autre partie, ce fait constitue une donation véri- « table L'acte juridique renferme une donation par- « tielle, et, pour cette partie, le droit que l'acte con- « fère doit être regardé comme donation. » (Savigny, Dr. Rom. IV, § 154, trad. Guenoux). Cet acte juridique était donc entre époux nul pour la partie contenant une donation; nous rencontrerons, en parlant des effets de la prohibition, plusieurs applications de cette idée, notamment en matière de vente.

SECTION IV

EFFETS DE LA PROHIBITION

La sanction de la prohibition était on ne peut plus énergique ; c'était la nullité, de plein droit, de tout ce qui avait été fait à son mépris ; *ipso jure, nihil valet quod actum est* (L. 3, § 10, h. t.). Peu importait que la donation fût directe ou détournée ; dans aucun cas, elle ne pouvait produire effet. Cette nullité avait lieu de plein droit ; le donateur n'avait pas besoin de la demander ni par voie d'action, ni par voie d'exception.

§ I. — DONATIONS DIRECTES

Une donation directe pouvait avoir lieu de plusieurs manières. L'enrichissement pouvait résulter : 1° du transport de la propriété ou d'un autre droit réel (*dando*); 2° de l'établissement d'un rapport obligatoire, soit créance en faveur du donataire (*obligando*), soit libération du donataire (*liberando*).

I DANDO. — Dans le droit de Justinien, la forme employée pour le transport de la propriété était la tradition; mais dans l'ancien droit, on pouvait aussi recourir, dans le même but, à une *mancipatio* ou à une *in jure cessio*. La tradition pouvait s'opérer ici sous les formes diverses qu'elle était susceptible de recevoir ; c'est elle que les textes du Digeste supposent ordinairement être intervenue entre époux : *Proinde si corpus sit quod donatur, nec traditio quicquam valet.*

La tradition, quoique faite par l'époux propriétaire, capable d'aliéner, et ayant l'intention d'aliéner, ne produisait pas translation de propriété, lorsqu'elle était faite à son conjoint *donationis causa*. L'époux qui l'avait faite restait propriétaire ; son conjoint n'acquérait même pas la *possessio civilis* pouvant mener à l'usucapion ; mais il acquérait la *possessio naturalis ad interdicta*, ainsi que cela résulte des L. 1, § 4, *De adq. vel amitt. poss*, XLI. 2 D. et L. 1 §§ 9 et 10 *De vi* XLIII, 16 D. La loi 46 h. t. qui porte : *Inter virum et uxorem nec possessionis ulla donatio est*, doit s'entendre en ce sens que l'époux donataire ne pouvait profiter de la possession du donateur ; il ne pouvait invoquer l'*accessio, possessionis,* soit en matière d'usucapion, soit à propos de l'interdit *Utrubi* (pour être *potior adversario).*

Le donateur pouvait, suivant les cas, recourir à diverses actions que nous allons examiner successivement :

1° *Revendication.* Tout d'abord, l'époux donateur, étant resté propriétaire, pouvait revendiquer la chose qu'il avait livrée ; il la reprenait dans l'état où elle se trouvait, soit qu'elle eût été détériorée, soit qu'elle eût été améliorée ou augmentée. Ainsi un mari avait donné à sa femme un terrain, sur lequel celle-ci avait fait élever des constructions ; le mari pouvait revendiquer ces constructions en vertu du principe : *Superficies solo cedit* ; mais il devait tenir compte à la femme de ses dépenses utiles (L. 31, § 2, h. t.). Celle-ci était donc traitée comme un possesseur de bonne foi, quoique cependant elle n'eût pas dû ignorer le droit de son mari ; l'on considérait que la femme avait du moins construit avec son assentiment, *sciente et volente eo*.

La revendication de l'époux donateur pouvait s'exercer également contre les tiers qui n'avaient pas encore usucapé.

Une difficulté s'était présentée par rapport aux matériaux donnés par un époux à l'autre, et employés par celui-ci dans une construction. La revendication pouvait-elle avoir lieu dans ce cas ? Neratius (L. 63, h. t.), contrairement au principe posé par la loi des XII Tables « *Tignum junctum œdibus, ne solvito*, » accordait à l'époux donateur l'action *ad exhibendum*, puis l'action en revendication ; il se fondait sur cette idée que les décemvirs n'avaient certainement pas pensé au cas où les matériaux seraient employés au bâtiment d'autrui du consentement de leur propriétaire. Paul (ead. L. 63), reconnaissant aussi que ce cas n'avait pas été prévu par les Décemvirs, refusait au donateur l'action *de tigno juncto* (action au double); car l'on ne pouvait dire qu'il y eût eu vol en ce cas ; mais il refusait également au donateur l'action *ad exhibendum* ; car si les matériaux, employés dans une construction, ne pouvaient être revendiqués, alors qu'ils avaient été volés, à plus forte raison ne pouvaient-ils l'être, lorsqu'ils avaient été employés avec l'assentiment du propriétaire. Paul n'indique pas quelle action il accordait alors au donateur ; mais il est très-probable qu'indépendamment de la revendication lors de la ruine de l'édifice, il lui eût accordé la *condictio* dont nous parlerons bientôt. L'époux donateur pouvait du reste intenter immédiatement la revendication, lorsque la séparation des matériaux employés pouvait avoir lieu facilement (L. 45, h. t.) sans détériorer le bâtiment.

Dans une instance en revendication, le défendeur s'exposait, pour le cas où la restitution n'aurait pas lieu en nature, à payer l'estimation de la chose ; cette estimation, fixée par le serment du demandeur, était souvent trop élevée ; en matière de donations entre époux, l'estimation devait au contraire être faite à juste valeur (*justo pretio*) (L. 36 pr. h. t.) De plus le donateur était alors vis-à-vis de son conjoint considéré comme un vendeur, et devait lui fournir caution pour le garantir contre une éviction postérieure ; mais au lieu d'une *cautio duplæ*, c'était seulement une caution au simple (*quanti ea res sit.*) (Ead. L. 36).

Quant à la question de savoir si les fruits et intérêts des choses données devaient être restitués avec ces choses elles-mêmes, nous l'avons déjà examinée plus haut.

2° *Condictio sine causa*. L'action en revendication dont nous venons de parler n'était possible qu'autant que la chose donnée existait encore. *Res extinctæ vindicari non possunt.* Lorsque la chose venait à périr, elle périssait pour le donateur ; car il était resté propriétaire, *suamque rem perdit* (L. 28 pr. h. t.). Mais il avait alors contre son conjoint une action personnelle, une *condictio sine causa*, dans la limite du bénéfice que celui-ci avait retiré de la donation. Cela avait lieu non-seulement lorsqu'il s'agissait d'un cas fortuit, mais même en cas de consommation volontaire; on avait fini par assimiler cette consommation à la perte; il eût été trop dur, en effet, de traiter le donataire comme ayant été de mauvaise foi; sans doute il devait savoir que la chose donnée ne lui appartenait pas ; mais, c'était avec l'assentiment de son conjoint propriétaire, qu'il en avait fait l'usage qui l'avait consommée. Cela ne faisait plus de difficulté depuis le sénatus-consulte dont nous aurons à parler plus tard ; car il s'appliquait à tout événement par suite duquel le donataire cessait de retirer un bénéfice de la donation. Mais les anciens jurisconsultes étaient plus sévères et nous trouvons des traces de cette sévérité dans la L. 14 *ad Exhibend* X. 4, D. qui accorde l'action *ad exhibendum* contre l'époux donataire. *Si vir, nummos ab uxore sibi donatos, sciens suos factos non esse, pro*

*re empta dederit, dolo malo fecit quo minus possi-
deat ; et ideo ad exhibendum actione tenetur.* La loi
37 h. t. accorde même l'action *damni injuriæ* en cas
de destruction avec dol.

La *condictio sine causa* ou *ex injusta causa* que
nous venons de signaler était mesurée sur l'enrichissement du donataire, *quatenus locupletior factus est*
(L. 5, § 18 et L. 6 h. t.). Le donateur n'avait de son
côté qu'à prouver la donation ; c'était au donataire,
qui prétendait n'en avoir retiré aucun bénéfice ou seulement un bénéfice inférieur à la valeur de l'objet
donné, à prouver cette prétention. Observons à ce propos, que lorsqu'il s'agissait de la femme, et que la pro-
venance d'un bien qui lui appartenait était douteuse,
on présumait, pour son honneur, qu'il lui venait de son
mari (L. 51 h. t.)

Le cas le plus ordinaire de cette *condictio* était celui
où il s'agissait d'une donation de somme d'argent ;
la revendication devenait en effet impossible, dès que
les pièces qui composaient cette somme avaient été
confondues avec celles du donataire. L'époux donateur
avait alors la *condictio* pour le montant de la somme,
à moins que le donataire ne prouvât n'en avoir retiré
qu'un bénéfice nul ou inférieur.

Si, avec l'argent donné, le donataire avait acheté certains objets encore existants, le donateur avait la *condictio*, mais seulement dans la limite de leur valeur;
et si les choses achetées avaient augmenté de valeur,

le donateur ne pouvait obtenir que la valeur qu'il avait donnée (L. 7, § 3, h. t.).

Pour l'appréciation de l'enrichissement du donataire, il fallait se placer au début de l'instance *(litis contestatæ tempore)* (L. 7, pr. et § 3 h. t.), et il fallait tenir compte des bénéfices retirés à l'occasion des choses achetées, tels que les enfants des esclaves, les legs ou hérédités qu'ils auraient acquis pour le donataire, etc. (L. 28, § 5).

Dans le cas où le donataire avait acheté un objet, partie avec l'argent donné, partie avec son argent propre, la diminution de valeur de l'objet acheté était supportée par les deux époux en proportion de la somme fournie par chacun d'eux.

Lorsque la chose achetée venait à périr pour le tout, plus d'enrichissement pour le donataire, par suite plus de *condictio* (L. 28, § 3. L. 50, § 1. h. t.). Il en était ainsi même après une seconde substitution. Par exemple, une femme avec une somme donnée par son mari achète un esclave, le revend et en achète un autre qui vient à mourir (L. 29 pr.). La femme n'étant pas enrichie, son mari ne peut exercer contre elle la *condictio*.

Nous avons supposé jusqu'ici qu'il s'agissait d'un objet acheté avec la somme donnée. Si, au contraire, la somme avait été donnée par le conjoint pour payer un objet déjà acheté, la chose acquise était aux risques du donataire. Le donateur pouvait alors exercer la *con-*

dictio, même après que la chose avait péri (L. 7, § 7. L. 50 pr. h. t.). En ce cas, en effet, le donateur avait procuré au donataire un bénéfice certain, sa libération; grâce à la donation, le donataire était libéré de l'obligation de payer son prix.

Remarquons, en terminant sur cette *condictio*, que la femme avait intérêt à l'employer de préférence à l'action *rei uxoriæ*, par laquelle elle pouvait réclamer tout ce que son mari lui devait à divers titres ; car, dans cette action, le mari jouissait du bénéfice de compétence, c'est-à-dire n'était condamné que dans la limite de ses moyens (*qu atenus facere potest*) ; tandis que la *condictio* permettait à la femme d'obtenir la totalité (*solidum*).

3° *Actions diverses*. Cette *condictio*, action personnelle, était bien insuffisante pour le donateur, en cas d'insolvabilité du donataire ; aussi, en ce cas, Paul lui accorde, par exception, une revendication *utile* des objets donnés. *Nihil prohibet etiam in rem utilem mulieri in ipsas res accommodare* (L. 55 *in f.* h. t.).

Le mari donateur pouvait, dans un cas particulier, invoquer une sorte de compensation remplaçant pour lui la *condictio* dont nous venons de parler. Nous voyons en effet la donation figurer au nombre des cinq causes pour lesquelles le mari, actionné par sa femme en restitution de la dot, pouvait exercer différentes retenues (*Ulp. Reg.* VI, § 9). Observons du reste que ce droit de rétention sur la dot *ob res donatas* fut comme les

autres supprimé par Justinien (L. *un*. § 5. *De rei ux.
act*. V, 13, C.).

Lorsque les deux époux s'étaient fait mutuellement
des donations prohibées d'égale valeur, il se produisait
une sorte de compensation qui était opposée par voie
d'exception de dol (L. 8 pr. *De dol. mal. except*. XLIV,
4, D.) contre l'époux qui invoquait la nullité de la donation qu'il avait faite. Cette compensation avait lieu
alors même que l'époux demandeur avait dissipé ou
perdu la donation qu'il avait reçue tandis que son conjoint l'avait conservée (L. 7 § 2, h. t.). Mais cette compensation ne pouvait être invoquée dans le cas où la donation faite à l'époux demandeur n'était pas prohibée.

II. OBLIGANDO VEL LIBERANDO. — De même que le
transport de la propriété à titre de donation était défendu entre époux, et que la tradition d'un objet corporel
donné n'était pas valable; de même, était nulle, à cause
de la prohibition, soit la promesse que l'un des conjoints faisait à l'autre *donationis causa* sur la stipulation de celui-ci, soit la remise de dette faite par l'un
des époux à l'autre par une *acceptilatio* ou par un
pacte *de non petendo. Et si stipulanti promissum sit
vel accepto latum, nihil valet* (L. 3 § 10, h. t.).

L'époux stipulant ne devenait pas créancier ; le promettant n'était pas obligé ; s'il était actionné en exécution de la stipulation, il pouvait se défendre *ipso jure*,
sans avoir besoin de recourir à une exception.

A l'inverse l'époux créancier qui avait fait *acceptilation*, ou avait consenti un pacte *de non petendo*, restait

néanmoins créancier et n'avait pas besoin de recourir à une *replicatio* pour faire valoir son droit. *Ipso enim jure, quæ inter virum et uxorem donationis causa geruntur, nullius momenti sunt.* (*Ibid.*).

La loi 5, § 1, h. t. suppose que l'époux créancier, le mari par exemple, avait deux *correi promittendi*, deux co-débiteurs, sa femme et un tiers, *Titius*. S'il fait acceptilation à sa femme, ni l'un ni l'autre n'est libéré ; car son acceptilation est nulle et ne porte aucune atteinte à l'obligation corréale. Mais s'il fait acceptilation à *Titius*, le *correus promittendi* de la femme, que décider ? En ce cas, le texte décide que *Titius* est libéré, tandis que la femme reste obligée. Il faut, ainsi que le fait observer M. Demangeat, (Obligations solidaires, p. 37), restreindre cette décision au cas où il n'existe pas de société entre *Titius* et la femme. « En effet, s'il « y avait société entre eux, la femme restant tenue « aurait recours contre *Titius*, et alors à quoi bon dire « que *Titius* est libéré, puisqu'en définitive il devrait « toujours supporter sa part dans la dette ? » Par conséquent, dans le cas où les deux *correi*, la femme et *Titius*, sont *socii*, il faut, à moins de déclarer absolument nulle l'acceptilation, la maintenir pour le tout. C'est du reste ce que vient confirmer le § 2, d'après lequel, lorsqu'un acte, intervenu entre les époux *donationis causa*, intéresse en même temps d'autres personnes, si la séparation n'est pas possible, la donation elle-même est valable ; si la séparation est possible, le reste est valable, la donation ne l'est pas.

Remarquons que dans le cas où il n'y a pas société entre le conjoint et *Titius*, la libération de celui-ci n'a lieu qu'*exceptionis ope* ; il ne s'agit pas ici d'une acceptilation véritable; car elle libérerait les deux *correi ;* seulement l'acceptilation faite par le mari à *Titius* contient implicitement un pacte *de non petendo* qui produit une exception personnelle au profit de *Titius.*

§ II. — DONATIONS INDIRECTES

Les donations indirectes étaient prohibées entre époux au même titre que les donations directes. Comme donations indirectes, nous examinerons successivement : 1º les donations faites sous l'apparence de contrats à titre onéreux, 2º les donations par l'intermédiaire d'un tiers, 3º les donations par omission.

1. DONATIONS FAITES SOUS L'APPARENCE DE CONTRATS
A TITRE ONÉREUX.

C'est un moyen facile de faire une libéralité indirecte, que d'employer la forme d'un acte à titre onéreux.

La vente est le contrat qui se prête le mieux à ces sortes de dissimulations. Chez les Romains, la vente était permise et valable entre époux, lorsqu'elle était sérieuse (L. 7, § 6, h. t.). Si, au contraire, elle n'était qu'un moyen employé pour déguiser une libéralité, elle était absolument nulle ; le vendeur avait alors, suivant les cas, la revendication ou la *condictio sine causa*. Lorsque la vente était sérieuse, mais que la chose avait été, *donationis causa*, vendue à un prix inférieur à sa valeur véritable, ou achetée à un prix trop élevé, il y avait lieu à une action en supplément ou diminution de prix, au moyen de la *condictio*. Lorsqu'une vente sérieuse, et faite à juste prix, avait été suivie d'une remise du prix, la vente restait valable, tandis que le pacte de remise était nul et ne produisait aucun effet (L. 5, § 5). De même, la renonciation *donationis causa*, à la garantie des vices rédhibitoires ou de l'éviction, ne mettait pas obstacle à l'exercice des actions édilitiennes ou *ex empto* (L 31, §§ 4 et 5, h. t.).

L'estimation donnée aux biens dotaux pouvait aussi dissimuler un avantage indirect. Elle pouvait être faite, soit à un chiffre trop élevé dans l'intention de gratifier la femme, soit à un chiffre inférieur à la valeur réelle dans l'intention de gratifier le mari. En ce cas, cette estimation était nulle (L. 12 *De jure dotium* XXIII. 3. D.) ; les objets conservaient le caractère dotal; leur estimation, qui ordinairement équivalait à une vente au mari, ne produisait alors aucun effet ; le mari restait débiteur de corps certains. Et il en était ainsi, même dans le cas où l'estimation faite faussement *donationis causa* était antérieure au mariage; en effet,

4

ce n'était que par la réalisation du mariage que l'*œsti
matio perficiebatur* (L. 10 § 4. *Eod. tit.*); la donation
étant subordonnée à cette réalisation, (*ut in matrimonii tempus collata donatio videtur*), était considérée comme faite entre époux, et par suite n'était pas valable.

Pour remédier à cette estimation trop élevée ou trop
basse des biens dotaux la L. 7 § 5 h. t. accorde au mari
le droit d'en faire la restitution en nature, ou à la
femme le droit d'exiger cette restitution.

La société, contractée *donationis causa*, était nulle
(L. 32 § 24. h. t. — L. 5 § 2 *Pro socio* XVII 2 D.) entre
conjoints comme entre toutes autres personnes. L'action
pro socio ne pouvait donc prendre naissance. Tant que
les choses restaient à l'état de convention, il ne pouvait
y avoir ni société, ni donation ; pas de société, car la
volonté des parties avait été de faire une donation; pas
de donation, car la donation ne se formait pas *solo
consensu* comme la société ; elle n'était parfaite que
par la tradition des objets donnés. Si au contraire certains objets avaient été mis en commun, s'il y avait eu
tradition de ces objets, il y avait donation; cette donation, nulle à l'époque dont nous nous occupons, put être
validée plus tard par application du sénatusconsulte
dont nous parlerons bientôt (Ead. L. 32 § 25 h. t.)

II. DONATIONS PAR L'INTERMÉDIAIRE D'UN TIERS.

Nous ne trouvons pas, dans nos textes, d'exemples de donations par personnes interposées, dans le sens ordinaire de cette expression ; mais il n'est pas douteux, qu'une donation faite entre époux par l'intermédiaire d'un tiers qui en serait le bénéficiaire apparent, ne doive être nulle en vertu de notre prohibition.

Du reste nous ne voyons pas non plus, qu'en droit romain, certaines personnes fussent présumées interposées par suite de leur seule qualité ; nous avons vu, à la vérité, que la prohibition s'étendait à certains parents des époux ; mais c'était une conséquence de l'union d'intérêt qui existait entre toutes les personnes soumises à la puissance du même chef de famille. L'intervention d'un tiers, qui accepterait une libéralité d'un époux avec charge secrète d'en restituer le bénéfice à l'autre conjoint, ne se présumait donc pas, et devait être prouvée ; la preuve de cette interposition eût enraîné la nullité de l'opération, *Quod.... per interpositas personas donationis causa agatur, non valere* L. 5(§ 2 h. t.)

Il en était de même de toute autre intervention d'un tiers à un acte juridique quelconque, devant aboutir à une donation d'un époux à l'autre. Nous allons examiner les principaux cas prévus par les textes :

Par exemple : le mari, dans l'intention de gratifier sa

femme, donnait ordre à son débiteur de payer entre les mains de celle-ci. Le paiement, ainsi fait entre les mains de la femme, libérait-il le débiteur? Africain (L. 38 §1 *De solut.* XLVI, 3 D.) décidait que le débiteur n'était pas libéré; en effet la femme, à cause de la prohibition, ne devenait pas propriétaire de la somme qu'elle recevait; et le mari n'en devenait pas non plus propriétaire, puisque telle n'était pas son intention. Toutefois le débiteur pouvait, au moyen de l'exception *pacti conventi*, repousser la demande du mari, en lui cédant l'action personnelle qu'il avait acquise contre la femme par suite du paiement qu'elle avait reçu. — Ulpien, après Celse (L. 3 § 12 h. t.) décomposait au contraire l'acte en deux parties: il y voyait d'abord une tradition des écus au mari, qui en devenait propriétaire, par l'intermédiaire de la femme; puis une tradition du mari à la femme *donationis causa* ; la première partie de l'opération étant valable, le débiteur était libéré; la seconde étant nulle, le mari avait contre la femme l'une des actions révocatoires que nous avons indiquées. C'est là ce que l'on a appelé souvent une *tradition de brève-main.*

Ulpien donnait une décision analogue, (L. 3, §13 h. t.) pour le cas où le mari donnait mandat à un tiers, qu'il savait disposé à lui faire une donation, de la faire à sa femme ; il y voyait encore une double tradition : l'une, du donateur au mari, par l'intermédiaire de la femme, était valable ; l'autre, du mari à la femme *do-*

nationis causa, était nulle. *Perinde enim habendum,
atque si ego acceptam, et rem meam factam, uxori
meæ dedissem.*

Si nous supposons que le mari, au lieu d'ordonner à
son débiteur de payer entre les mains de sa femme,
lui ordonnait de s'obliger envers elle, la stipulation
de la femme et la promesse du débiteur étaient nulles ;
par conséquent, le débiteur, s'il payait entre les mains
de la femme, n'était pas libéré envers le mari (L. 39,
h. t.); mais il pouvait agir par voie, soit de revendication, soit de *condictio* contre la femme, suivant que
les écus existaient encore ou non en nature entre ses
mains ; et il pouvait se protéger contre l'action du
mari en lui cédant ses actions contre la femme. Remarquons que cette décision de Julien dans la L. 39
n'est pas en contradiction avec celle d'Ulpien qui dans
la L. 3 § 12 admet la libération du débiteur ; en effet,
ce dernier texte suppose seulement un paiement entre
les mains de la femme sur l'ordre du mari, tandis que
la L. 39 suppose une obligation du débiteur envers la
femme sur l'ordre du mari ; dans ce second cas, le débiteur, en payant, entend se libérer d'une obligation
qu'il a contractée envers la femme, mais qui en réalité
n'est pas valable ; tandis que dans le premier, il entend
se libérer envers le mari, en payant entre les mains de
la femme.

Lorsque la femme voulait, *donationis causa*, nover
une obligation de son mari par une *expromissio*, elle

ne libérait pas son mari et ne s'obligeait pas elle-même. (L. 5 § 4. h. t.) ; si la femme avait de plus donné un fidéjusseur, l'engagement du fidéjusseur était nul, comme celui de la femme.

Ainsi que nous l'avons déjà vu, lorsque le mari payait *donationis causa* un créancier de sa femme, il pouvait, si les écus qu'il avait remis n'étaient pas encore confondus, les revendiquer contre le créancier, ou, dans le cas contraire, intenter contre sa femme la *condictio sine causa* pour le montant de la somme dont il l'avait libérée (L. 7, § 7, L. 50 pr. h. t.).

III. DONATIONS PAR OMISSION.

En règle générale une simple omission ne peut constituer une donation, d'autant plus qu'à Rome la donation n'était pas un mode d'acquisition, mais une *justa causa acquisitionis*; il fallait une mancipation ou une tradition de la chose donnée pour rendre le donataire propriétaire ; et il en fut ainsi même après Justinien, qui, en rendant obligatoire le pacte de donation, ne fit que donner au donataire une action pour exiger la tradition (L. 35, *De donat.* VIII, § 4, C.)

Cependant l'omission peut dans certains cas réaliser une donation, ainsi que les textes du Digeste nous en donnent des exemples :

1° Ainsi, supposons qu'un mari, ayant un droit de

servitude sur un fonds appartenant à sa femme, le laissait, volontairement, et dans l'intention de lui faire une donation, s'éteindre par non-usage ; il y avait là une véritable aliénation de la part du mari. *Eum quoque alienare videtur, qui non utendo amisit servitutes* (L. 28 pr. *De verb. signif.* L. 16. D.) ; et c'était pour la femme un bénéfice évident, qui devait tomber sous le coup de notre prohibition. Aussi Ulpien, qui prévoit cette hypothèse (L. 5, § 6 h. t.), décide que la servitude se trouvait bien éteinte *non utendo* ; mais que le mari pouvait agir contre la femme au moyen d'une *condictio*, pour se faire restituer ce dont elle s'était ainsi enrichie.

2° C'était de même faire une véritable aliénation, que de laisser un tiers usucaper un bien qui vous appartenait. *Alienare videtur, qui patitur usucapi (Ead. L. 28 pr. De verb. sig.)*

Il est bien évident que la femme ne pouvait usucaper un bien dont elle avait reçu tradition de son mari *donationis causa*; car elle manquait de la *justa causa* nécessaire pour arriver à l'usucapion.

Mais supposons que la femme eût reçu d'un tiers tradition d'un bien, qui en réalité appartenait au mari; la femme, en la supposant de bonne foi (c'est-à-dire ignorant la propriété du mari) à l'époque de la tradition, pouvait-elle usucaper ? La loi 44 h. t. qui répond à cette question donne lieu à quelques difficultés. Quatre hypothèses doivent être distinguées :

A. Les deux époux ignorent, et ont continué d'ignorer que le bien possédé par la femme appartient au mari ; en ce cas pas de difficulté; la femme usucapera ce bien ; il n'y a pas en effet de la part du mari volonté de s'appauvrir ; il n'y a pas *animus donandi* ; la prohibition ne peut s'appliquer. *Si extraneus rem viri, ignorans ejus esse, ignoranti uxori, ac ne viro quidem sciente eam suam esse, donaverit ; mulier recte eam usucapiet*, nous dit Nératius dans notre L. 44.

B. La femme seule vient à connaître, pendant sa possession, que son mari est le véritable propriétaire. En ce cas, les principes commandent de décider que l'usucapion continuera ; en effet il n'y a pas donation de la part du mari, puisqu'il ignore sa propriété ; l'usucapion n'est du reste pas interrompue ; car la bonne foi n'était exigée, en matière d'usucapion, qu'à l'origine de la possession; *mala fides superveniens non impedit usucapionem*. La femme continuera donc à usucaper. Nous allons voir en résolvant la troisième hypothèse que c'est ainsi que le décide le jurisconsulte Nératius dans notre L. 44 : *non enim omnimodo uxores ex bonis virorum, sed ex causa donationis ab ipsis factæ, adquirere prohibitæ sunt.*

C. Les deux époux, de bonne foi à l'origine, découvrent, avant l'usucapion achevée, que c'est le mari qui est le véritable propriétaire. Au lieu de revendiquer, le mari reste à dessein dans l'inaction. La femme continuera-t-elle à usucaper ? Voici ce que nous dit

Nératius : *Sed si vir rescierit suam rem esse, prius-quam usucapiatur, vindicareque eam poterit, nec volet, et hoc et mulier noverit, interrumpetur posses-sio : quia transiit in causam ab eo factæ donationis ipsius mulieris scientia : propius est ut nullum adqui-sitioni dominii ejus adferat impedimentum : non enim,* etc. Cette ponctuation, qui est celle des différents manuscrits du Digeste, présente un grave inconvénient; c'est de mettre le jurisconsulte Nératius en contradic-tion avec lui-même ; en effet, après avoir dit que dans notre hypothèse la possession sera interrompue, le jurisconsulte se rétracterait par ces mots: il vaut mieux dire que l'acquisition de la propriété ne sera pas empêchée.

Pour faire disparaître cette contradiction, Denis Gode-froi et Pothier ont proposé de mettre un point d'inter-rogation après le mot *possessio*; la phrase *propius est,* etc. deviendrait alors une réponse à cette interroga-tion : *interrumpetur possessio* ? On évite bien ainsi la contradiction ; mais la solution ainsi obtenue ne cadre pas bien avec les principes de la donation entre époux; nous avons en effet dans notre hypothèse tous les élé-ments de la donation prohibée ; l'usucapion devrait donc être interrompue.

Aussi préférons-nous la ponctuation proposée par M. de Savigny (V. notamment Traité de Droit romain, T. IV, app. IX) et adoptée depuis par beaucoup d'auteurs. D'a près M. de Savigny, il faut terminer la phrase *quia*, etc.

après le mot *donationis*, au lieu de la terminer après le mot *scientia*. Alors, la seconde partie de notre texte prévoit successivement deux hypothèses, au lieu de n'en prévoir qu'une : 1° celle qui nous occupe, et pour laquelle le jurisconsulte décide que l'usucapion sera interrompue ; en effet, lorsque la femme garde sciemment le bien de son mari, qui à dessein néglige de revendiquer, la situation est la même que si le mari lui avait donné directement ce bien ; (*quia transiit in causam ab eo factæ donationis*). Il y a là une transformation de la possession, que l'on peut expliquer par une tradition de brève-main. 2° L'hypothèse que nous avons résolue en second lieu, et pour laquelle le jurisconsulte décide avec nous, que la connaissance de la propriété du mari par la femme seule n'empêche pas l'usucapion de continuer. *Ipsius mulieris scientia propius est* etc.

Cette explication, qui concilie heureusement les principes et les textes, peut d'ailleurs s'appuyer, ainsi que l'a fait observer M. Machelard (Textes de droit romain, 1856, p. 260) sur le texte des Basiliques qui distingue les deux hypothèses.

D. Le mari seul découvre qu'il est propriétaire et laisse volontairement sa femme continuer l'usucapion. Cette dernière hypothèse n'est pas prévue par notre L. 44. Quelle solution faut-il lui donner ? D'abord il est certain que la femme, ayant reçu la chose *a non domino* mais de bonne foi et avec juste titre, réunit les conditions nécessaires pour usucaper ; l'usucapion s'accomplira donc à son profit. Mais le mari pourra-t-il alors agir contre la femme par voie de *condictio*, comme dans le cas où il a laissé éteindre par non usage la servitude qu'il avait sur son fonds ?

. M. de Savigny (Tr. de D. R. IV app., IX, n° 6) pense que cette abstention du mari ne constitue pas une donation ; pour écarter l'analogie que présente notre espèce avec le cas d'extinction d'une servitude, il se fonde d'abord sur cette idée, que l'inaction du mari est la seule cause de la perte de la servitude, tandis que l'usucapion peut être arrêtée indépendamment de l'inaction du mari, si par exemple, la femme est accidentellement dépossédée ; il ajoute que la revendication du mari n'écarterait pas d'une manière certaine la perte de la propriété ; car le mari peut perdre son procès, etc. Ces raisons ne nous ont pas convaincu ; car il est purement gratuit de supposer qu'à Rome plus qu'ailleurs, les possesseurs de bonne foi se laissassent ordinairement déposséder par des tiers, que les vrais propriétaires fussent souvent dans l'impossibilité de prouver leur droit, etc. Un argument plus sérieux invoqué sur cette question, c'est que le jurisconsulte Néra - tius, dans notre L. 44, exige pour arrêter l'usucapion que le mari et la femme connaissent la propriété du mari ; si l'on traite la quatrième hypothèse comme la troisième, il était inutile qu'il ajoutât : *Et hoc et mulier noverit*. Mais remarquons que nous n'assimilons pas les deux hypothèses; nous reconnaissons parfaitement que, dans notre hypothèse, l'usucapion continuera et s'accomplira au profit de la femme, tandis que, dans la troisième, le jurisconsulte décide que cette usucapion sera interrompue ; mais nous accordons avec M. Machelard, (*op. cit.* p. 260 *et seq.*) une *condictio* au mari contre la femme,dans la limite de ce dont elle s'est enrichie ; l'inaction volontaire du mari,qui aurait pu empêcher l'usucapion de s'accomplir, est une véritable aliénation.

3° Il y avait encore donation par omission, lorsqu'un époux négligeait d'opposer une exception à l'action intentée contre lui par son conjoint, dans le but de se laisser condamner à son profit. Aussi la loi 5, § 7, accorde-t-elle à l'époux donateur la *condictio* contre son conjoint.

4° Depuis la Const. de Théodose II et Anastase, qui limite à 30 et 40 ans la durée des actions réelles et personnelles (L. 3, § 4, *De præser.* 30 *vel* 40 *ann.* VII, 39 c.) on peut se demander s'il y avait donation,lorsque un époux créancier de l'autre négligeait à dessein d'intenter son action dans le délai utile. M. de Savigny (loc. cit. n°ˢ 11 et 12) admet la négative par analogie de ce qu'il décide en matière d'usucapion. Nous admettrons au contraire qu'il y avait là une véritable donation ; la perte de l'action résultait en effet uniquement de l'inaction volontaire du conjoint ; cette négligence était une sorte de remise de la dette, remise qui ne pouvait être valable. La prescription sera donc non avenue : les époux resteront l'un créancier, l'autre débiteur ; le premier pourra intenter l'action originaire contre le second, qui ne pourra invoquer la *temporis præscriptio.*

SECTION V

LIBÉRALITÉS PERMISES.

Pour compléter cet exposé des principes du Droit romain sur les libéralités entre époux à l'époque de la prohibition, il nous reste à parler de celles qui ne tombaient pas sous le coup de cette prohibition ; nous trouvons en effet dans nos textes de nombreux exemples de libéralités permises entre époux.

Observons tout d'abord que tout ce que nous dirons des époux s'appliquera ausi à ces personnes auxquelles avait été étendue la prohibition et que nous avons déterminées plus haut. *Ex quibus causis inter virum et uxorem concessæ sunt donationes, ex iisdem et inter socerum et generum nurumve concessas, Neratius ait* (L. 26 § 1 h. t.).

§ I. LIBÉRALITÉS PRODUISANT EFFET PENDANT LE MARIAGE.

Nous avons déjà rencontré, en examinant dans notre section troisième les caractères essentiels de la donation, beaucoup de cas de libéralités permises entre époux parce qu'elles ne réunissaient pas tous ces caractères ; et nous avons remarqué que souvent ces décisions devaient s'expliquer aussi par la bienveillance avec laquelle était entendue notre prohibition. Nous signalerons encore quelques hypothèses analogues.

Nous voyons, par exemple, que les époux pouvaient se faire les présents d'usage les jours de fêtes et le jour de naissance, pourvu que ces cadeaux ne fussent pas excessifs (L. 31, § 8, h. t.).

En général on considérait comme donation l'abandon de la possession d'un bien indispensable à la vie ; en effet le commodat d'une habitation, par exemple, équivaut à la donation de la somme que le commodataire devrait employer à son loyer (L. 9 pr. *De donat.* XXXIX 5. D.). Entre époux, il ne pouvait être question de donation, dans le cas où la femme habitait gratuitement la maison du mari ; cela est évident ; mais même à l'inverse, l'habitation du mari dans une maison de la femme n'était pas considérée comme une donation prohibée (L. 18 h. t.); on voyait là une conséquence de la vie commune.

On avait admis également la validité des donations faites *honoris causa,* par exemple de la donation faite par la femme au mari, afin de lui permettre de supporter les charges de ses dignités, ou de subvenir aux frais occasionnés par sa nomination à des fonctions publiques (L. 41 et 42 h. t,). Une constitution d'Antonin le Pieux avait validé ces donations : *ut ecce si uxor viro laticlavii petendi gratia donet vel, ut equestris ordinis fiat, vel ludorum gratia.* Du reste, la donation n'était valable que dans la limite des frais nécessités par cette nomination etc.,(L. 40 h. t.) *eatenus ratum est, quatenus dignitati supplendæ opus est.* A l'inverse était également permise la donation du mari à la femme, dans le but d'aider un des cognats de celle-ci à arriver aux honneurs, aux fonctions publiques, etc. (L. 5, § 17 h. t.) et cela alors même que la femme eû dû, à défaut de cette donation, emprunter de l'argent à cet effet. On considérait que, dans tous ces cas, il n'y avait pas enrichissement du donataire.

De même lorsque le mari donnait à sa femme des sommes destinées à l'achat d'objets de luxe, de parfums etc. (L. 7 § 1). La femme était même considérée comme n'étant pas enrichie, dans le cas où elle avait employé utilement (par exemple à payer un créancier) les sommes ainsi données par son mari, mais avait pris ensuite sur ses propres deniers de quoi acheter ces parfums etc.

Était également valable la donation faite par l'un des

conjoints à l'autre, pour permettre à celui-ci de reconstruire un bâtiment qu'un incendie avait détruit
(L. 14, h.t.).

§ 2. — LIBÉRALITÉS NE PRODUISANT EFFET QU'APRÈS LA DISSOLUTION DU MARIAGE

I. LIBÉRALITÉS TESTAMENTAIRES.

La prohibition des donations entre époux ne pouvait évidemment s'appliquer aux libéralités testamentaires, (institutions d'héritier, legs, fidéicommis), qui
ne devaient produire effet qu'après la mort du testateur, et par conséquent à une époque où le mariage
avait cessé d'exister. Ces libéralités furent cependant longtemps restreintes entre époux, mais pour des
causes toutes différentes de celles qui avaient dicté
notre prohibition.

Deux lois célèbres, rendues sous Auguste, la loi
Julia (an 736 ou 757 de Rome) et la loi *Papia Poppæa*
(an 762 de Rome), voulant encourager le mariage et
la procréation d'enfants légitimes, afin de remédier à
l'amoindrissement de la population produit par les
guerres civiles et le divorce, frappèrent le célibat et
les unions stériles d'une incapacité absolue ou partielle de recevoir par testament. Les *cœlibes* ne purent
en règle générale rien recueillir à ce titre ; les *orbi* ne
purent recueillir que la moitié de ce qui leur était

donné (Gaïus C. II, § 286). Si l'on eût appliqué aux époux les règles générales posées par ces lois, ils auraient été, comme époux, dispensés des peines du célibat ; ils n'auraient été soumis qu'aux peines de l'*orbitas* ; ils auraient donc pu recueillir la moitié des dispositions testamentaires faites au profit de l'un d'eux, par l'autre, comme par toute autre personne. De plus le mari, s'il avait eu un enfant d'un autre lit, ou la femme, si elle avait déjà, lors d'un précédent mariage, mis au monde 3 ou 4 enfants, aurait pu recueillir en entier les dispositions testamentaires faites à son profit par son conjoint, comme par tout autre. Mais les époux furent entre eux traités plus rigoureusement, afin de les encourager à la procréation d'enfants communs. Au lieu d'une moitié, que le droit commun leur eût laissée, ils ne purent recueillir *matrimonii nomine* que un dixième *(decimam)*. Aussi ces *lois*, appelées *caducaires* en ce qui concerne leurs dispositions générales, reçurent-elles, en tant qu'elles s'appliquaient entre époux, le nom de lois *décimaires*. Outre ce dixième, le conjoint pouvait recueillir l'usufruit du tiers des biens qui lui étaient enlevés (*Ulp. Reg.* XV.)

Ce dixième s'augmentait pour chacun des époux d'un second dixième pour chaque enfant qu'il avait d'un précédent mariage ; il en était de même pour chaque enfant commun mort après le jour où ses noms lui avaient été donnés *(post nominum dies)*, c'est-à-dire après le 8ᵉ ou le 9ᵉ jour de sa naissance, suivant qu'il s'agissait d'une fille ou d'un fils (*Ibid.*).

Les époux avaient du reste la *solidi capacitas*, c'est-à-dire pouvaient recueillir tout ce dont l'un avait disposé au profit de l'autre par testament, dans un grand nombre de cas.

La *solidi capacitas* leur était acquise d'abord à raison du nombre de leurs enfants : 1° lorsque l'époux survivant avait, au moment de l'ouverture du testament, neuf enfants d'un précédent lit (le *solidum* était complété par le dixième *matrimonii nomine*) ; 2° lorsque les époux laissaient un enfant commun ; 3° lorsque les époux avaient perdu un enfant commun pubère, c'est-à-dire, un fils majeur de 14 ans ou une fille majeure de 12 ans ; 4° lorsqu'ils avaient perdu un enfant commun, même impubère, mais dans les 18 derniers mois ; 5° lorsqu'ils avaient perdu deux enfants communs âgés de trois ans au moins (*trimos*); 6° lorsqu'ils avaient perdu trois enfants communs après le *nominum dies* ; enfin 7°, quant à la femme, lorsqu'elle mettait au monde un enfant commun dans les dix mois de la mort du mari.

La *solidi capacitas* leur était accordée en second lieu, quoiqu'ils n'eussent pas d'enfants: 1° si tous deux ou l'un d'eux n'avaient pas encore l'âge auquel la loi exigeait des enfants, c'est à dire si le mari était mineur de 25 ans, ou la femme mineure de 20 ans; 2° quand les époux avaient accompli dans le mariage les années extrêmes (*finitos annos*), après lesquelles on ne peut guère plus avoir d'enfant, c'est-à-dire l'âge de 60 ans pour le mari et de 50 pour la femme ; 3° si les époux étaient cognats entre eux jusqu'au 6° degré : 4° quand le mari était absent pour le service public, pendant cette absence et l'année du retour les époux avaient entre eux *libera testamenti factio* ; 5° il en était de même, lorsque les époux avaient obtenu du Prince le *jus liberorum* (*Ulp. Reg.* XVI, § 1).

Quelquefois les époux, alors même qu'ils avaient des enfants, ou se trouvaient dans l'un des cas que nous venons d'énumérer, ne pouvaient rien recevoir l'un de l'autre ; cela arrivait lorsqu'ils s'étaient mariés contrairement aux dispositions des lois *Julia* et *Papia Poppæa*, par exemple : si un homme de condition honnête avait épousé une femme notée d'infamie, ou un sénateur une affranchie (*Ulp. Frag.* XVI, 2).

Ces lois subsistèrent plus longtemps comme lois décimaires que comme lois caducaires. Les peines du célibat et de l'*orbitas* furent abolies par Constantin, en 239 (L. 1re *De inf. pœn. cœlib.* VIII, 58, c.), comme incompatibles avec les préceptes de la religion chrétienne. Mais cet empereur, par crainte, dit-il, de la captation, laissa subsister entre époux les peines de l'*orbitas* (L. 1, *De infir. pœn.* VIII, 16, *Code Théodosien.*) Elles furent écartées quant aux décurions par Théodose-le-Grand (L. 124, *De decurion.* XII, 1 *Code Theod.*) et complétement abolies en 410 par Honorius et Théodose II (L. 2, C. *De inf. pœn. cœl.* VIII, 58, C)

II. — DONATIONS A CAUSE DE MORT

Les donations à cause de mort étaient permises entre époux ; (L. 9, § 2, h. t.) en effet, elles ne se réalisaient qu'après la dissolution du mariage, c'est-à-dire à une époque où la qualité de conjoint avait disparu, *quia in hoc tempus excurrit donationis eventus, quo vir et uxor esse desinunt.* (L. 10, h. t.) Elles n'opéraient aucun appauvrissement du donateur et n'atteignaient que ses héritiers.

Observons d'abord, que les restrictions apportées par les lois *Julia* et *Papia Poppæa* aux libéralités testamentaires, avaient été étendues par un sénatusconsulte aux donations à cause de mort. (L. 35, pr. *De m. c. donat.* XXXIX, 6, D.)

Dans les donations à cause de mort, le décès du donateur pouvait être envisagé soit par rapport à un péril déterminé, soit d'une manière générale ; mais, dans tous les cas, la mort du donateur devait précéder celle du donataire : la donation *m. c.* était essentiellement caduque par le prédécès du donataire ; de plus, ordinairement, le donateur avait le droit absolu de révoquer ; mais il pouvait renoncer plus ou moins complétement à ce droit.

La manière habituelle d'effectuer la donation *m. c.*, comme toute autre, était la translation de la propriété au moyen d'une mancipation, d'une tradition, etc. ; mais ce pouvait être aussi une stipulation. La tradition étant la forme ordinaire de la *m.c. donatio*, nous supposerons que c'est une tradition qui était intervenue entre le donateur et le donataire.

La donation à cause de mort pouvait se présenter sous deux aspects différents : 1° Elle pouvait être sous condition suspensive ; le donateur retardait alors le transport de la propriété jusqu'au moment de son décès ; elle se formait, par exemple, par une tradition accompagnée d'une clause renvoyant le transport de la propriété au décès du donateur. Dans cette hypothèse, le donateur avait la revendication, en cas de prédécès du donataire, ou en cas de révocation. 2° Elle pouvait être sous condition résolutoire. (Les Romains, n'admettant pas que la propriété pût être transférée pour un certain temps, disaient que cette donation était pure et simple, mais que sa résolution était sous condition suspensive: *donatio pura, quæ sub conditione resolvitur* ; nous l'appelons, *brevitatis causa*, donation sous condition résolutoire). Le donateur, transportant alors actuellement la propriété au donataire, se réservait le droit d'exiger la restitution en cas de prédécès du donataire ou de révocation. Le donateur pouvait employer, à cet effet, une *condictio ob rem dati, re non secuta*, ou une action *præscriptis verbis*. Ulpien lui accordait même, mais avec hésitation, la revendication. (L. 29 *De m. c. donat.* XXXIX, 6,D.)

La première de ces deux formes était parfaitemen permise entre époux ; car la donation *m. c.* sous condition suspensive ne produisait effet qu'au décès du donateur, et par conséquent à la dissolution du mariage. La seconde, au contraire, ne pouvait être employée entre époux, car notre prohibition s'opposait à la transmission immédiate de la propriété. Aussi les textes décident-ils que la propriété restait au donateur. (L. 11, pr. h. t.) *Interim res non fiunt ejus cui donatæ sunt, sed tunc demum cùm mors insecuta est. Medio igitur tempore, dominium remanet apud eum, qui donavit.*

L'époux donateur *m. c.*, restant propriétaire, avait sans aucun doute, en cas de prédécès de son conjoint, l'action en revendication pour recouvrer sa chose tandis qu'il n'aurait eu en cas de donation *m. c.* sous condition résolutoire faite à un étranger qu'une *condictio* (toutefois nous avons vu qu'Ulpien lui eut accordé en ce cas la revendication).

De même, l'esclave, que le mari avait donné *m. c.* à sa femme, restant la propriété du mari, aurait été son héritier nécessaire, s'il eût été institué par lui *cum libertate (De hered. inst. XXVIII. 5, D.)* De même, un objet qui avait été donné *m. c.* à une femme par son mari, n'était pas valablement aliéné par elle du vivant de son mari ; *quia non ante ultimum vitæ tempus, mulieris fuit.* (L. 11 § 9 h. t.)

La transmission immédiate de la propriété étant im-

possible entre époux, il en résultait que toute donation
m. c. entre époux était nécessairement traitée comme
une donation sous condition suspensive.

Mais on avait remédié à cet inconvénient en admettant que la donation *m. c.* entre époux pourrait, lors du
décès du donateur, rétroagir au jour de la tradition.
(L. 40, *De m. c. don.* XXXIX. 6, D.) On devait du reste
apprécier en fait, si les parties avaient entendu attribuer
ou non cet effet rétroactif à la donation ; *in quibus
casibus placeat retroagi donationem* (L. 11 § 9 h.t.)

L'intérêt de cette rétroactivité existait à de nombreux
points de vue :

Par exemple la loi 20 h. t. suppose qu'un mari avait
donné *m. c.* un esclave à sa femme ; grâce à la
rétroactivité, la femme donataire pouvait profiter des
stipulations faites par l'esclave, et des legs ou hérédités
qui lui seraient advenus, depuis la donation jusqu'au
jour du décès du mari.

De même l'aliénation faite par l'époux donataire était
rétroactivement validée à la mort du donateur (L. 11, §
9 h. t.)

Cette rétroactivité, admise en cas de donation *m. c.*
entre époux, étant fondée sur l'intention des parties,
devait être écartée lorsque le donateur avait manifesté
une volonté contraire.

Le principe de la rétroactivité posé par la L. 40 *de
m. c. don.* est confirmé par la loi 11, § 1, h. t. XXIV 1,
qui déclare valable entre époux non-seulement « la

« donation *m. c.* qui a lieu dans cette intention que la
« chose donnée appartienne à la femme ou au mari
« lorsque la mort (du donateur) sera arrivée, mais *toute*
« donation à cause de mort. »

Les §§ 2 *et seq.* de cette L. 11 indiquent des cas où
cette rétroactivité n'avait pas lieu: *Quando itaque non
retroagatur dominium, emergunt vitia.* Parcourons-
les rapidement :

Un mari (§ 2) veut faire une donation *m. c.* à sa
femme ; celle-ci interpose le fils de famille pour recevoir la chose des mains du mari et la lui livrer ensuite;
par la mort du mari, le fils devient *sui juris ;* la tradition faite par lui à la femme est-elle valable ? Elle
n'aurait pas été valable avec l'effet rétroactif ; car la
tradition faite au *filius familias* aurait profité au père,
sous la puissance de qui il se trouvait à cette époque.
Elle est valable au contraire, si l'on écarte l'effet rétroactif ; car le fils est devenu *sui juris* au moment où on
la reporte, c'est-à-dire à la mort du mari.

Décision analogue, (§ 6) lorsque c'est un esclave
que la femme a interposé pour que le mari lui fît tradition et que cet esclave, après avoir remis à la femme
la chose donnée, est devenu libre à l'époque de la mort
du mari.

De même, (§ 3) lorsque le mari a fait tradition (à
titre de donation *m. c.*) à sa femme encore *filiafami-
lias* ; sans effet rétroactif, la donation profitera à la
femme, si elle est *sui juris* lors de la mort de son mari;

tandis qu'avec effet rétroactif, elle profiterait au *pater-familias* sous la puissance de qui la femme se trouvait. De même (§ 4) si la femme donne au mari encore *filiusfamilias*.

A l'inverse, supposons (§ 5) que la femme ait fait une donation *m. c.* au mari *paterfamilias* ; et qu'à la mort de sa femme, le mari soit devenu *filiusfamilias*, la libéralité profitera au *paterfamilias* du mari.

Dans les §§ 7 et 8 il s'agit de donations faites par l'intermédiaire d'un tiers :

Le § 7 suppose que le tiers interposé, qui a reçu tradition du donateur, meurt du vivant des époux après avoir fait tradition au donataire; si c'est le donataire (la femme dans l'hypothèse), qui avait fait l'interposition, la donation s'évanouit; car le tiers, étant mort avant que la donation fût confirmée par le prédécès du donateur, n'a pu acquérir aucun droit, ni par suite rien transmettre au donataire. Si, au contraire, l'interposition a été faite par le donateur, le tiers est devenu propriétaire, et la tradition qu'il a faite au donataire aura effet, pourvu que celui-ci survive à son conjoint donateur.

Le § 8 suppose que le tiers n'a pas encore fait tradition au donataire (le mari dans l'hypothèse), lors de la mort du donateur ; peut-il encore faire cette tradition ? Il ne le peut pas, s'il a été interposé par le donateur ; car son mandat a cessé par la mort du donateur; si donc il fait tradition au donataire, malgré les héritiers du donateur, il sera tenu de la *condictio*. Il peut et doit au contraire faire tradition au donataire, s'il a été interposé par lui ; car la mort du donateur l'a rendu immédiatement propriétaire ; le donataire a donc action contre lui pour exiger cette tradition.

Nous avons supposé jusqu'ici, que la donation *m. c.* consistait en un transport de propriété, opéré par une tradition. C'est en effet le cas que prévoient les textes du Digeste.

Mais, d'une part, en nous plaçant sous l'empire de l'ancien droit, la propriété pouvait être transférée aussi, soit par une *mancipatio*, soit par une *in jure cessio* · Sans doute la mancipation ne devait jamais être conditionnelle; mais « on n'a pas oublié, nous dit M. Buf-« noir (Théorie de la condition p. 403.), que la trans-« lation de la propriété ou la constitution d'un droit « réel démembrement de la propriété pouvaient se « trouver suspendues par une condition, même quand « elles résultaient d'une mancipation ou d'un *in jure* « *cessio* ; il suffisait, pour rendre la chose possible, que « la condition fût sous-entendue. Cette condition sous · « entendue, comme les conditions exprimées dans la « tradition, avait pour effet de reporter à l'époque de « son arrivée la naissance du droit, par exemple le « transport de la propriété. »

D'autre part, la donation *m. c.* pouvait être effectuée par un mode autre que la translation de propriété par exemple par une stipulation ; le donateur pouvait pro·

mettre sur stipulation une chose, ordinairement une somme d'argent, *mortis causa*. Cette stipulation parfaitement valable (L. 11 *De dote prœleg.* XXXIII. 4. D. L. 34 et 35 § 7 *D. m. c. Donat.* XXXIX. 6. D.) n'avait d'effet que contre les héritiers du promettant ; on la considérait comme une stipulation *cùm moriar* (L. 76 *De jure dotium* XXIII. 3, D.).

La donation *m. c.* entre époux était caduque nonseulement par le prédécès du donataire, mais encore par le divorce, qu'il eût lieu par consentement mutuel (*bona gratia*) ou *cum ira animi et offensa* (L. 11,§ 10. L. 32, § 10 h. t.) Le divorce devait en effet faire présumer habituellement chez le donateur l'intention de révoquer la donation qu'il avait faite à son conjoint : du reste le donateur pouvait, s'il le voulait, renouveler, après la dissolution du mariage, la libéralité qu'il avait faite.

L'exil ou la déportation était entre étrangers une cause de caducité de la donation *m. c.*; car une condamnation de ce genre entraînait la perte de la qualité de citoyen romain et la confiscation des biens. Entre époux, la déportation ou l'exil du donateur ne rendait pas caduque la donation *m. c.* antérieure (L. 13 § 1, h. t.). On considérait d'une part que cette condamnation n'entraînait pas la dissolution du mariage, et d'autre part que l'on n'avait rien à reprocher au donataire. La donation *m. c.* était donc maintenue ; mais elle restait révocable au gré du donateur et caduque

par le prédécés du donataire (Ibid.). Toutefois il faut
remarquer avec Cujas (Obs. liv. III, ch. 10) que ce
texte d'Ulpien a peut-être été transformé par les compilateurs du Digeste, afin de le faire concorder avec la
constitution de Constantin qui forme la loi 24 *De don.
int. vir. et ux.* V. 16. C.

III. DONATIONS A CAUSE DE DIVORCE.

A Rome, le divorce pouvait se produire, nous venons
de le dire, soit par suite de mésintelligences entre les
époux, soit par consentement mutuel. Dans ce dernier
cas, on conçoit que des donations pouvaient avoir lieu
entre les époux, en vue d'un divorce qui n'indiquait
aucune inimitié entre eux. « Il arrive souvent (L. 60,
« § 1 et L. 61. h. t.) que le mariage est dissous *bona*
« *gratia*, pour des causes telles que le sacerdoce, la
« stérilité de la femme, la vieillesse, la maladie, l'état
« militaire. » Dans des cas de ce genre l'époux, qui en-
voyait le *libellus repudii*, pouvait vouloir laisser à son
conjoint un témoignage d'affection, et lui faire une donation qui compensât en quelque sorte ce que la séparation pouvait avoir pour lui de pénible.

Ces donations entre époux *divortii causa* étaient
valables, car elles ne devaient produire effet qu'à une
époque où il n'y aurait plus mariage (L. 60, § 1, L. 11
§ 11, h. t.). Toutefois, il fallait pour cela que ces dona-

tions eussent lieu en vue d'un divorce imminent , et
non pas, à l'avance, dans la prévision d'un divorce possible (L. 12 h. t.). Il fallait évidemment de plus,
comme pour les donations entre époux divorcés, que
le divorce fût régulier et sincère.

La donation faite *divortii causa* était du reste caduque, si le donateur venait à mourir avant le divorce;
car elle avait été faite en vue du divorce, et non en vue
d'une autre cause (L. 13, pr.).

IV. DONATIONS A CAUSE D'EXIL.

La condamnation à l'exil ou à la déportation faisant
perdre la qualité de citoyen romain et le mariage légitime *jure civili* ne pouvant exister qu'entre citoyens
romains, cette condamnation devait entraîner la dissolution d'un mariage antérieur. Cependant plusieurs
textes (L. 13, § 1, h. t. D. — L. 24. h. t. V, 16. C. —
L. 1, *De repud.* V, 17. C.) nous disent que le mariage
n'était pas dissous par la déportation ou l'interdiction
aqua et igni de l'un des époux, lorsque le conjoint innocent consentait à le maintenir. Mais il est évident,
qu'il ne pouvait subsister entre les époux, qu'un mariage *jure gentium* et non pas un mariage *jure civili* ;
par suite, la prohibition ne pouvait s'appliquer aux
donations faites *exilii causa* (L. 43, h. t.) : car cette
prohibition faisait assurément partie du *jus civile*, et
ces donations ne devaient produire effet qu'à une

époque où *jure civili* il n'y avait plus ni *vir* ni *uxor*.

Lorsque la donation émanait de l'époux non coupable, pas de difficulté ; car le condamné, conservant le *jus gentium*, pouvait acquérir par donation; et cette donation lui était éminemment utile, puisque sa condamnation avait entraîné la confiscation de tous ses biens.

A l'inverse, on conçoit très-bien que l'époux condamné désirât faire à son conjoint une donation *exilii causa*, afin que celui-ci respectât l'union conjugale qui pouvait subsister entre eux, s'il consentait à la maintenir. Mais cette hypothèse présente plus de difficulté, à cause de la confiscation qui frappait le condamné. Toutefois on peut supposer par exemple que le Prince avait fait grâce de la confiscation. Peut-être aussi, avait-on admis ici une exception aux droits du fisc en faveur du conjoint, par analogie de ce que nous avons vu en cas de donation *mortis causa* faite par un époux qui subit ensuite une condamnation semblable (L. 13, § 1. h. t.); mais il n'existe pas de texte formel à cet égard.

CHAPITRE TROISIÈME

Modifications résultant du Sénatusconsulte de l'an 206

SECTION I

ORIGINE ET MOTIFS DU SÉNATUSCONSULTE.

« Tel était l'état du droit sur les donations entre
« époux, lorsque l'empereur Antonin Auguste, du
« vivant de son père Sévère, *oratione in senatu habita,*
« sous le consulat de Fulvius Æmilianus et Nummius
« Albinus, décida le Sénat à relâcher un peu cette ri-
« gueur du droit » (L. 32 pr. h. t.).

Ce sénatusconsulte, qui fut rendu en l'an 206 de
J. C. (an 959 de la F. de R.), est attribué par les texte
tantôt à l'empereur Septime Sévère (L. 23 h. t. — L.
10 h. t. C. — *Vat. Frag.* § 276), tantôt à l'empereur
Antonin Caracalla (L. 3. — L. 32 pr. et § 1 h. t.), tantôt à tous deux (L. 3. h. t. C. — *Vat. Frag.* § 294). De
là on a voulu conclure qu'il y avait eu deux senatus-
consultes sur le même objet, l'un sous le règne de

Sévère, l'autre sous le règne de Caracalla. Mais cette idée, qui n'aurait jamais été imaginée si elle n'avait procuré un moyen de résoudre une difficulté que nous rencontrerons bientôt, est tout à fait inadmissible en présence de nos textes, et notamment de la L. 3, h. t. C., où Caracalla décide que dans l'hypothèse qui lui est soumise, la donation « est confirmée en vertu de *la constitution de mon père Sévère et de moi* ». Les renseignements que nous donne Ulpien, dans la L. 32, h. t., expliquent facilement que le sénatusconsulte soit attribué : 1° à Sévère, car c'est sous son règne qu'il a été rendu ; 2° à Sévère et Caracalla, car à cette époque Caracalla avait été associé au trône par son père ; 3° à Caracalla, car c'est très-probablement lui qui fit au Sénat l'exposé des motifs (*oratio*), à la suite duquel fut rendu le sénatusconsulte.

La pensée qui inspira ce sénatusconsulte, fut de concilier la protection due à un époux qui aurait fait à son conjoint des donations inconsidérées ou contraintes, avec le respect dû à une volonté de donner libre et réfléchie. Déjà sous l'empire de la prohibition, les conjoints pouvaient se faire des donations à cause de mort, parce que leur révocabilité garantissait que le donateur avait agi librement. De même, une déclaration de dernière volonté pouvait confirmer la donation entre vifs faite à un conjoint, et la donation, ainsi confirmée par testament, recevait effet au décès du disposant. Le sénatusconsulte fit un pas de plus en sous-entendant cette confirmation (qui devait autrefois être expresse), dans le cas où le donateur mourait avant le donataire, sans avoir manifesté l'intention de révoquer sa libéralité. En assurant au donateur le droit de revenir, jusqu'à sa mort, sur la libéralité faite à son conjoint, on le protégeait contre un entraînement ou une surprise ; en admettant la confirmation par sa mort sans révocation, on forçait ses héritiers à respecter la volonté du défunt qui, ayant fait à son conjoint une donation, avait, malgré la persévérance de son intention, négligé de la confirmer par testament. *Fas esse, cum quidem qui donavit pœnitere ; heredem vero eripere forsitan adversus voluntatem supremam ejus qui donaverit, durum et avarum esse* (L. 32, § 2, h. t.).

On transformait donc, pour ainsi dire, la donation entre-vifs en donation *mortis causa* : le donateur avait voulu faire ce qui était prohibé ; on supposait qu'il n'avait fait que ce qui était permis. Toutefois cette assimilation de la donation entre époux à la donation m. c fut plutôt l'œuvre des jurisconsultes romains que du sénatusconsulte même ; ses motifs nous indiquent que l'on avait surtout voulu éviter que les héritiers de l'époux donateur ne vinssent *arracher* à son conjoint le bien que celui-ci avait reçu et possédé à titre de donation ; les héritiers méconnaîtraient ouvertement ainsi les intentions du conjoint prédécédé, qui, en s'abstenant de reprendre le bien qu'il avait donné,

manifestait la persévérance de sa volonté d'en gratifier son conjoint. Mais nous verrons que le sénatusconsulte avait été entendu d'une manière beaucoup
plus large.

SECTION II

PERSONNES AUXQUELLES IL S'APPLIQUE

Nous n'avons que peu de chose à dire sur ce point;
car le sénatusconsulte s'appliquait sans aucun doute à
toutes les personnes qu'atteignait la prohibition du
droit antérieur.

Il s'appliquait donc d'abord entre les époux eux-
mêmes; toute donation, que le droit antérieur prohibait
comme faite entre époux, se trouvait désormais confirmée par le décès du donateur sans révocation. Ainsi
nous avons vu que l'on considérait comme prohibée la
donation entre fiancés, faite sous la condition que la
transmission de la propriété au donataire n'aurait lieu
que par la réalisation du mariage. Cette donation se
trouvera désormais validée en vertu du sénatusconsulte, si le donateur meurt avant le donataire *durante
adhuc voluntate* (L. 32, § 22, h. t.).

Il s'appliquait, en second lieu, entre les époux et ces
personnes avec lesquelles ils se confondaient juridique-
ment cause de l'unité des intérêts dans la famille
romaine. *Oratio non solum virum et uxorem complec*

titur, sed etiam cæteros, qui propter matrimonium donare prohibentur (L. 32, § 16, h. t.). Par exemple, si un père, ayant encore la *patria potestas* sur son fils, faisait une donation à sa bru épouse de ce fils (ou au père de sa bru, ou au frère de sa bru, soumis tous deux à la même puissance), pour que la confirmation fût possible, il fallait que le fils prédécédât et que le beau-père mourût ensuite *durante adhuc voluntate* (*Ibid. in fine*) ; en effet, si le fils avait survécu au beau-père, la donation n'aurait pu être confirmée par la mort du beau-père donateur, puisqu'à ce moment le mariage durait encore. De même à l'inverse si le beau-père donnait à son gendre, etc.

SECTION III

DONATIONS AUXQUELLES IL S'APPLIQUE

Ainsi que nous l'avons dit, le sénatusconsulte, si l'on s'en tient à la lettre de l'*oratio*, ne devait s'appliquer qu'aux donations suivies d'exécution. On conçoit en effet très-bien que l'on distingue en théorie les donations suivies d'exécution, de celles qui ne reposent que sur une promesse. Le reproche de dureté et d'avarice que l'on adresse aux héritiers du donateur, qui veulent reprendre un objet possédé par son conjoint en vertu d'une donation exécutée, ne s'applique plus aussi bien

lorsqu'il s'agit d'une donation résultant d'une promesse
non suivie d'exécution.

Cette interprétation littérale fut admise par Papinien,
ainsi que nous le rapporte Ulpien (L. 23, h. t.). (*Conf.
Vat. Frag.* § 294). D'après lui, le sénatu consulte
s'appliquait bien aux *donationes rerum,* aux donations
suivies d'une mise en possession du donataire,mais non
aux donations manifestées par une promesse : « Il pen-
« sait par conséquent que, si le mari avait *donationis
« causa* fait une promesse à sa femme sur la stipula-
« tion de celle-ci, les héritiers du mari ne pouvaient
« être actionnés, quoique le mari fût mort *durante
« voluntate.* »

Mais, si l'on examine les autres fragments de notre
titre qui se réfèrent à cette question, il nous semble
impossible de ne pas reconnaître que cette opinion rigoureuse de Papinien n'avait pas été admise par Ulpien,
qui donnait au sénatusconsulte une portée plus large.
Cela résulte d'abord de la L. 32, § 1, h. t., d'après laquelle l'*oratio imperatoris,*ayant pour but de confirmer
les donations entre époux, s'applique « *non solum ad
« ea, quæ nomine uxoris a viro comparata sunt,*
« mais à toutes les donations faites entre époux. »

Développant immédiatement sa pensée, le jurisconsulte ajoute que la donation, confirmée par le sénatusconsulte, aura pour effet non-seulement de transférer la
propriété au donataire (*ut et ipso jure res fiant ejus
cui donatæ sunt*), mais encore de créer une obligation

sanctionnée par le droit civil *(et obligatio sit civilis)*. Plus loin *(Ead.* L. § 23) Ulpien décide encore que la donation produira effet, soit qu'il y ait eu donation par tradition, soit qu'il y ait eu donation par remise de dette, par exemple si le mari a fait à sa femme, *donationis causa* acceptilation de ce qu'elle lui doit; ce n'est là du reste qu'un exemple *(utputa)*, et le jurisconsulte énonce de nouveau le principe lui-même, en ajoutant : « *E « generaliter universæ donationes quas impediri diximus, ex oratione valebunt.* » Il nous semble impossible d'exprimer plus clairement que le sénatusconsulte doit recevoir une application très étendue : il doit s'appliquer à *toutes* les donations atteintes par la prohibition du droit antérieur. Or le même jurisconsulte signalait précisément au nombre de ces donations prohibées (L. 3, § 10, h. t.) la promesse faite par l'un des époux sur la stipulation de l'autre, et la remise de dette par acceptilation, etc.—Enfin la loi 33, h. t. vient encore confirmer la même idée, en appliquant le sénatusconsulte à la stipulation d'une annuité ; Ulpien déclare confirmée par le prédécès du mari, la stipulation que la femme avait faite d'une somme annuelle : *Puto stipulationem confirmari ex senatusconsulto* (L. 33, pr.). De même, si à l'inverse c'est le mari qui a stipulé l'annuité, et que la femme vienne à prédécéder, *dicendum erit ex oratione donationem convalescere* (Ibid. § 2.).

Cependant, cette portée générale donnée par Ulpien

au sénatusconsulte a été très-vivement contestée. Le
point de départ de la difficulté est un fragment du
même jurisconsulte (L. 23, h. t.), fragment dont nous
avons déjà parlé, et dans lequel Ulpien, rapportant l'o-
pinion restrictive de Papinien semble l'approuver d'une
manière expresse: « Papinien, pensait *avec raison*, etc.
« *Papinianus recte putabat*, etc. »

Pour expliquer ces différents textes, et leur contradiction, trois systèmes ont pris naissance :

a Nous écarterons d'abord un système intermédiaire, qui explique historiquement cette divergence, et
auquel nous avons déjà fait allusion Il consiste à admettre l'existence de deux sénatusconsultes successifs : l'un, rendu sous l'empereur Sévère, et ne parlant
que des *donationes rerum* ; l'autre, rendu sous Caracalla, généralisant le premier, et l'appliquant à toutes
les donations. Ce serait sous l'empire du premier qu'aurait été écrit le fragment qui forme la loi 23, tandis
que les autres textes d'Ulpien, contenant une doctrine
plus large, seraient postérieurs au second sénatuscon·
sulte. Ainsi que nous l'avons dit, cette conjecture
émise par Duaren est tout à fait inadmissible, en présence de nos textes ; elle est du reste abandonnée aujourd'hui.

b Un second système prétend que le sénatusconsulte
ne s'applique qu'aux *donationes rerum*. Cette opinion
s'appuie principalement sur la L. 23, h. t. ; elle se
fonde en outre sur les termes même de l'*oratio* : « *he-*

redem vero eripere » et sur cette considération, qu'une promesse n'indique pas une intention libérale aussi arrêtée qu'une donation réalisée ; pour elle, Ulpien n'est point en désaccord avec Papinien, dont l'opinion est la véritable expression des principes du droit romain sur notre question. Dans ce système, voici alors comment on entend les textes d'Ulpien que nous avons rapportés :

Pour expliquer les mots *et obligatio sit civilis,* on a prétendu qu'ils se rapportaient à une obligation exécutée par tradition, etc. Mais cela est inadmissible ; il est bien impossible qu'une promesse exécutée devienne civilement obligatoire ; après l'exécution d'une obligation, cette obligation n'existe évidemment plus. — On a voulu aussi les entendre en ce sens, qu'il s'agirait d'une créance cédée par un époux à son conjoint constitué *procurator in rem suam* ; par suite du prédécès du donateur, il s'établirait entre le donataire et le tiers cédé un lien obligatoire (Pothier. Pand. h. t. n° 76, note 4). Cette explication est encore inexacte; car, d'après les principes du droit romain, il n'y avait jamais d'obligation civile du débiteur cédé envers le *procurator.* — Vinnius *(Select. quest.* II, ch. I) a proposé encore de les expliquer, en supposant qu'il s'agissait là d'une promesse de garantir de l'éviction, mais pourquoi cette obligation serait-elle validée plutôt que toute autre ? — En outre, pourquoi aller chercher des hypothèses aussi compliquées, lorsque ces mots peuvent s'entendre si naturellement en ce sens, que l'obligation contractée *animo donandi*, sans effet pendant le mariage, devient, grâce au sénatusconsulte, civilement obligatoire par le prédécès du donataire ?

De même, Vinnius a voulu expliquer les mots « *sive obligatio remissa* » au moyen d'une tradition de brève main; l'époux, faisant remise de la dette, serait supposé avoir reçu la somme de son conjoint, et la lui avoir rendue à titre de donation. Mais ne pourrait-on pas dire de même en cas de promesse, que le donateur serait supposé avoir livré la somme stipulée, par ex :, et la recevoir ensuite à titre de prêt, etc. ? C'est là évidemment abuser de la tradition de brève main.

Quant à la loi 33 relative aux stipulations d'annuité, Pothier l'explique en ce sens, qu'il s'agiraite des annuités déjà payées. Mais le texte. en refusant l'action *ex stipulatu* pendant le mariage, déclare que la stipulation sera confirmée par le décès ; c'est donc que l'action *ex stipulatu* appartiendra au survivant, après la dissolution du mariage par le décès de son conjoint; or cette action ne peut évidemment s'appliquer aux annuités payées. —Vinnius, de son côté, suppose que le paiement des annuités a été commencé ; et alors, le reste devient exigible parceque la volonté d'exécuter a été suffisamment manifestée. Cette distinction est tout à fait arbitraire ; rien ne l'autorise. — Enfin on a proposé de voir dans cette Loi 33 une exception en faveur des aliments, que les annuités ont souvent pour objet. Cet argument aurait une certaine force, si la loi 33 était seule ; mais il est impossible d'y voir une exception, en présence des autres textes que nous avons rapportés.

c. Enfin, le 3e système prétend que le sénatusconsulte s'applique à toutes les donations. Il se fonde sur les textes d'Ulpien, que nous avons rapportés. Sans doute, les termes de l'*oratio* semblent indiquer que, dans l'esprit des auteurs du sénatusconsulte, il ne s'agissait que de la confirmation des donations effectuées, qui manifestent chez le donateur une volonté plus accusée; aussi conçoit-on que Papinien se soit arrêté à l'interprétation stricte qu'il donne du sénatusconsulte.

Mais Ulpien admit au contraire une interprétation plus large, se résumant en ces mots que nous lui empruntons : « Et en général, toutes les donations que « nous avons dit être prohibées vaudront en vertu du « sénatusconsulte. » Or la prohibition atteignait non-seulement les donations résultant d'un transport de propriété, mais encore celles résultant d'une obligation ou d'une libération.

Du reste, l'idée générale qui domine dans nos textes, c'est que la donation entre-vifs, faite entre époux, doit être assimilée à une donation *mortis causâ* ; or nous avons vu que la donation *mortis causâ* pouvait se faire sous forme de stipulation. Il était donc naturel que la confirmation *ex senatusconsulto* s'appliquât aux donations résultant d'une stipulation comme aux *donationes rerum*. L'époux aurait pu lier ses héritiers en promettant à son conjoint *mortis causâ* ; il était raisonnable de décider qu'il les liait également, lorsqu'il avait fait une promesse pure et simple; ce qui indiquait même chez lui une volonté plus arrêtée; il suffisait qu'il pût se repentir, et revenir sur sa libéralité jusqu'au dernier instant de sa vie.

Mais, reste à expliquer le mot *recte* de la loi 23. L'on peut très-bien supposer que le jurisconsulte Ulpien après avoir exposé l'avis de Papinien en faisait la réfutation, réfutation que les rédacteurs des Pandectes ont supprimée, en obéissant sans réflexion à l'ancienne réprobation qui frappait les critiques d'Ulpien sur les ouvrages de Papinien, et en ne remarquant pas qu'ils inséraient dans le même titre d'autres fragments d'Ulpien contenant une doctrine contraire. Selon M. de Savigny (*op. cit.* t. IV, § 164), le *recte* d'Ulpien ne portait que sur la première partie du texte, relative aux *donationes rerum*; c'était sur la seconde partie, relative aux donations par stipulation, que portait la réfutation supprimée par Tribonien et ses collègues. D'après M. Machelard (*op. cit.* p. 280) Ulpien n'approuvait aucunement la doctrine de Papinien, et les compilateurs du Digeste, en même temps qu'ils auraient supprimé sa réfutation, auraient ajouté le mot *recte* qui se trouve dans la première phrase.

Observons, en terminant, que la difficulté à laquelle donne lieu cette correction maladroite remonte à l'époque de Justinien lui-même, qui la trancha dans une constitution qui forme la novelle 162 (chap. I) en faisant prévaloir la doctrine extensive du sénatus-consulte. Cette doctrine d'Ulpien doit donc être considérée comme contenant les véritables principes du droit romain sur notre question ; car c'est surtout aux ouvrages de ce jurisconsulte qu'ont été empruntés les fragments qui se réfèrent à cette question; d'autant mieux que nous en trouvons une application dans un rescrit d'Alexandre Sévère (de l'an 230) formant la L. 2, *De dote cauta*, V., 15, C.

Nous admettrons donc que la confirmation résultant du sénatusconsulte s'appliquait à toutes les donations autrefois prohibées entre époux :

Elle s'appliquait d'abord aux donations directes soit par translation de propriété (t. adition etc), soit par stipulation (L. 32 § 1. — L. 33 pr. et § 2), soit par libération (L. 32, § 23).

Elle s'appliquait également aux donations indirectes:

Par exemple, le sénatus consulte pouvait s'appliquer en cas de vente entre époux, si la vente, faite du reste sérieusement, avait eu lieu (*donationis causa*), à un prix inférieur à la valeur réelle, ou avait été suivie d'une remise du prix (L. 32, § 26). De même nous avons déjà remarqué qu'en cas de société contractée *donationis causa* entre époux, il ne pouvait y avoir lieu à l'action *pro socio*, mais que si des objets avaient été effectivement mis en commun, cette donation indirecte pouvait être validée, par application du sénatusconsulte (L. 32,

§ 24). De même encore lorsque le mari avait *donationis causa* reconnu à sa femme une dot supérieure à celle qu'il avait réellement reçue, cette donation indirecte jouissait du bénéfice du sénatusconsulte (L. 2, *supr. dict.*, *De dote cauta*, c.). La femme pouvait donc agir pour le tout contre les héritiers de son mari prédé-cédé.

SECTION IV

EFFETS DU SÉNATUSCONSULTE

En nous occupant de la prohibition des donations entre époux, nous avons examiné les moyens qui étaient aux mains de l'époux donateur (ou de ses héritiers), pour se prévaloir de la nullité de la donation. Depuis le sénatusconsulte, l'époux donateur, qui se repent de sa libéralité, peut toujours la révoquer, et employer alors suivant les cas ces moyens que nous avons indiqués (revendication, *condictio* etc.). Mais s'il meurt avant son conjoint sans avoir révoqué la donation, ses héritiers doivent la respecter; déjà, dans le droit antérieur, il devait être en fait assez difficile pour eux, lorsqu'il s'agissait d'une donation déguisée, de prouver la fraude et d'exercer les actions révocatoires; désormais il leur est légalement impossible d'attaquer à ce titre toutes les donations faites à son conjoint par leur auteur. Le prédécès du donateur sans révocation, équi-

valait donc, en général, à une confirmation expresse
par acte de dernière volonté.

Remarquons en outre, que depuis le sénatusconsulte,
sans aucune difficulté, la *condictio* n'était accordée au
donateur que jusqu'à concurrence de l'enrichissement
du donataire au moment de la *litis contestatio*, alors
même que le défaut d'enrichissement provenait du
fait même du donataire (L. 32, § 9 h. t. — L. 8. h. t. V,
16, C.).

Nous avons dit que, depuis le sénatusconsulte, la donation entre époux présentait une très-grande analogie avec la donation à cause de mort : toutes deux
en effet étaient révocables au gré du donateur ,
caduques par le prédécès du donataire, par le divorce, etc.

De même les donations entre époux, confirmées par
application du sénatusconsulte, produisaient en général un effet rétroactif, comme les donations à cause de
mort (L. 25, h. t.c.).

Cette assimilation conduisit à soumettre les donations,
entre époux confirmées, à la réduction de la loi Falcidie qu'une constitution de Sévère et Antonin (L. 5,
ad Leg. Falc. VI, 50, C.) avait étendue aux donations
mortis causa. C'est ce qui résulte des L. 32, § 1 h. t. et
L. 12 *ad Leg. Fal.* VI, 50, C. En effet les donations, confirmées grâce au sénatusconsulte, devaient être considérées comme des dispositions de dernière volonté,
le silence du donateur tenant lieu de la confirmation

expresse autrefois exigée (*quasi testamento sit confirmatum, quod donatum sit*). Il en était autrement, lorsqu'il s'agissait de donations entre époux valables comme donations entre-vifs (*honoris causa, divortii causa* etc.) déjà sous l'empire de la prohibition, pour lesquelles il n'était pas nécessaire d'invoquer le bénéfice du sénatusconsulte.

De même les donations ainsi confirmées durent être soumises comme les donations *m. c.* à l'application des lois décimaires (*Vat. Frag.* § 294. — *Ulp. Reg.* T. XV).

Une autre conséquence importante de cette assimilation se rapporte à la capacité requise chez les parties pour la validité de ces donations; il fallait, pour que le sénatusconsulte pût s'appliquer, qu'au jour du décès du donateur, le donataire fût capable de recevoir et le donateur de disposer, exactement comme en matière de donations à cause de mort.

Toutefois, dans le droit de Justinien, on peut signaler entre les donations à cause de mort et les donations entre-vifs confirmées, une différence importante : les premières n'étaient pas soumises à la formalité de l'insinuation (*L. 4, De don. m. c.* VII, 57. c.). Au contraire les donations entre-vifs ne se trouvaient confirmées grâce au sénatusconsulte, lorsqu'elles excédaient la valeur de 500 solides, que si elles avaient été insinuées (*L. 25 C. h. t. V. 16. —Nov. 162 cap. I, § 2*); à défaut d'insinuation, la donation ne se trouvait confirmée que jusqu'à ce chiffre. Si la donation était inférieure à 500 solides, ou si, étant supérieure à cette valeur, elle avait été insinuée, la confirmation avait effet rétroactif au jour de la donation; sinon, pas d'effet rétroactif. (*Ead*. L. 25.) Du reste les donations entre époux purent toujours aussi être confirmées par testament, sans qu'il fût besoin d'insinuation, mais aussi sans effet rétroactif (*Ibid*).

SECTION V

OBSTACLES A LA CONFIRMATION.

Diverses causes pouvaient mettre obstacle à la confirmation *ex senatusconsulto*; dans tous les cas où la confirmation était ainsi empêchée, on retombait sous l'application de l'ancienne prohibition (*veteri jure statur*) (L. 32, § 10, h. t.); le donateur ou ses héritiers pouvaient donc employer les moyens d'action que nous avons déterminés en nous occupant des effets de la prohibition.

1° Révocation. — Comme les donations *m. c.*, les donations entre époux étaient révocables au gré du donateur, qui n'avait aucun motif à alléguer pour justifier sa volonté. Il pouvait du reste manifester cette volonté d'une façon quelconque; la révocation pouvait être expresse ou tacite.

La révocation était expresse, lorsque le donateur ma

nifestait directement sa volonté, soit par écrit, soit ver-
balement; il fallait seulement que sa volonté fût certaine
et formelle; car, en cas de doute, la donation était maintenue (L. 32, § 4, h. t.). Du reste, il fallait s'en tenir à
l'intention dernière du défunt; *pœnitentiam accipere
debemus supremam* (L. 32, § 3.); peu importait que, dans
l'intervalle entre la donation et la mort, le donateur
eût changé plusieurs fois de volonté (*ut sit ambulatoria
voluntas*); il ne fallait considérer que sa volonté dernière.

La révocation pouvait aussi être tacite ; c'était alors
une question de fait. Ainsi, l'aliénation, à quelque titre
que ce fût, emportait toujours et sans aucun doute révocation de la libéralité faite au conjoint (L. 12, h. t. C.).
De même on considérait comme une révocation la
constitution d'une hypothèque sur le bien donné
(*Ead.* L. 12, L. 32, § 5, h. t.), quoique le donateur con-
servât ainsi son droit de propriété. Toutefois en ce cas
on pouvait, d'après les circonstances, admettre la per-
sistance de la volonté de donner, par exemple lorsque
la femme donataire avait été laissée en possession.
Alors le donataire pouvait conserver le bien, en désin-
téressant le créancier, et le contraindre même, par la
voie de l'exception de dol, à lui céder ses actions
(*Ibid.*). Du reste Justinien décida formellement que l'hypothèque des choses données n'entraînerait plus révocation par elle-même (Nov. 162 cap. I, § 1).

2° PRÉDÉCÈS DU DONATAIRE. — Les donations entre

époux étaient aussi essentiellement caduques par le prédécès du donataire (L. 32, § 10). Si donc il y avait eu tradition de l'objet donné, les héritiers du donataire devaient le restituer au donateur; ils n'auraient même pas eu la ressource de lui opposer en compensation une donation que lui aurait faite leur auteur; car nous avons vu qu'on ne pouvait invoquer la compensation entre une donation nulle (infirmée par le prédécés de leur auteur), et une donation valable (confirmée par ce prédécès) (L. 32, § 9, h. t.). Mais le donateur pouvait évidemment, s'il le voulait, confirmer par un nouvel acte la donation au profit des héritiers de son conjoint.

Lorsque les deux conjoints mouraient dans le même événement (naufrage, incendie, etc.), sans qu'on pût savoir lequel des deux était mort le premier, la donation était considérée comme confirmée (L. 32, § 14, h. t.). Ulpien, en se prononçant ainsi en faveur du maintien de la donation, s'appuie sur les termes mêmes de l'*oratio* qui déclarait la donation non avenue, *si prior vita decesserit qui donatum accepit;* or, dans notre hypothèse; le prédécès du donataire n'est pas prouvé. La condition voulue pour la confirmation de la donation était donc moins la survie du donataire, que son non-prédécès. Par conséquent, ajoute le jurisconsulte, si les époux meurent ainsi après s'être fait des donations réciproques, toutes ces donations seront validées; aucune d'elles ne donnera lieu à répétition; car on ne peut prouver le prédécès ni de l'un ni l'autre. C'était du reste encore là une conséquence de l'assimilation des donations entre époux confirmées, aux donations *mortis causâ*.

Dans le cas où la donation avait été faite par l'un des époux (la femme par exemple) au père de l'autre, on pouvait se demander s'il fallait exiger, pour la caducité, le prédécès du beau-père et celui du conjoint (le mari) considéré comme étant le donataire. La loi 32, § 18 résout la question par distinction: si le mari était l'unique héritier du père, on disait qu'au décès du père il se formait entre la femme et le mari une nouvelle donation, soumise alors à la condition du non-prédécès du mari; si le mari ne succédait pas à son père ou ne lui succèdait que pour partie, la donation se trouvait par le décès du père infirmée pour le tout, ou pour la partie que ne recueillait pas le mari.

3° DIVORCE. — Nous avons vu que le divorce était une cause de caducité des donations *m. c.* entre époux ; il était naturel d'appliquer cette cause de caducité aux donations entre-vifs confirmées par le sénatusconsulte. (L. 32, § 10. L. 62, § 1, h. t.). Il était en effet peu probable que l'intention de faire à son conjoint une libéralité survécût au divorce ; on ne distinguait même pas, si le divorce avait lieu *bona gratia* ou *cum ira animi*; cela eut donné lieu à trop de difficultés; le divorce était donc en définitive une cause de révocation tacite, fondée sur l'intention probable du donateur ; aussi le donateur pouvait-il prévenir l'infirmation résultant du divorce, au moyen d'une confirmation expresse *(Ibid.).*

Lorsque, après le divorce, le mariage était ensuite rétabli et que la volonté libérale du donateur ne semblait pas changée *(voluntate donatoris reconciliata)*, la donation renaissait, et pouvait être validée par son prédécès (L. 32, § 11).

Des froideurs entre les époux *(friguscula)* ou une habitation séparée ne mettaient point obstacle à la confirmation; car les froideurs peuvent se dissiper facilement, et une habitation séparée est souvent nécescitée par les fonctions du mari. etc. (L. 32, § 12 et 13).

A l'époque du sénatusconsulte, le père de l'un des époux ne pouvait plus dissoudre le mariage contracté avec son consentement; toutefois l'envoi du *libellus repudii*, par le beau-père, au gendre ou à la bru avait pour effet de révoquer les donations faites par lui aux personnes de la *familia* à laquelle appartenait le conjoint à qui il avait été envoyé, ou les donations à lui faites par ces personnes (L. 32, § 19 et 20).

4° Causes diverses. — 1. L'émancipation de l'un des époux était quelquefois un obstacle à la confirmation. Si par exemple l'un des beaux-pères avait donné à son gendre ou à sa bru ou à l'autre beau-père, et que l'un des époux ou tous deux vinssent à être émancipés, la donation ne pouvait plus être confirmée; car l'émancipation détruisait cette confusion juridique des personnes, sur laquelle était fondée l'extension de la prohibition ou de la confirmation *ex senatusconsulto* (L. 32, § 21, h. t.)

II. La servitude de l'un des époux empêchait aussi la confirmation de la donation ; car elle faisait cesser, chez cet époux, la capacité de recevoir ou de disposer. La donation s'évanouissait donc lorsque l'un des époux devenait l'esclave d'un particulier (L. 32. § 6, h. t.).

Il en était de même, lorsqu'il devenait *servus pœnæ*, à la suite d'une condamnation *in metallum*; lorsque, pour échapper à une condamnation capitale, il se donnait volontairement la mort ; lorsque sa mémoire avait été flétrie *(memoria ejus damnata)* par une condamnation pour crime de haute trahison (L. 37, § 2).

Toutefois, une exception avait été admise en faveur des militaires condamnés à une peine capitale en vertu d'un crime militaire : la permission, qu'on leur avait accordée de disposer de leurs *bona castrensia* par testament, fut naturellement étendue aux donations entre époux depuis le sénatusconsulte, comme on l'avait étendue aux donations *m. c.* (L. 32, § 8).

Constantin alla plus loin. Il décida que désormais, en cas de condamnation à l'esclavage de la peine, (L. 24, h. t., V., 16., C.), la libéralité non-seulement resterait valable au profit de l'époux non coupable, mais serait immédiatement confirmée, comme si le donateur était mort naturellement.

Enfin Justinien supprima la *servitus pœnæ* (Nov. 22, cap. 8). D'après la même L. 24, en cas de condamnation à la déportation ou à l'interdiction *aqua et igni*, la libéralité faite à l'époux innocent restait valable, mais ne recevait effet qu'à la mort naturelle du donateur, qui conservait le, droit de révocation ; nous avons vu qu'il en était de même pour les donations *m. c.* (L. 13, § 1, h. t.).

Dans tous ces cas, on faisait exception en faveur de l'époux non coupable non-seulement aux règles ordinaires de la capacité, mais encore aux droits du fisc ; car toutes ces condamnations entraînaient en principe la confiscation des biens du condamné.

III. En ce qui concerne la captivité de l'un des époux chez l'ennemi, il faut appliquer en notre matière les deux fictions imaginées par les Romains : d'une part le citoyen romain captif de l'ennemi (par la fiction de la loi Cornélia) était considéré comme mort à l'instant même de sa captivité ; il était donc réputé mort dans l'intégrité de ses droits, et ses dispositions de dernière volonté étaient maintenues. D'autre part, s'il rentrait un jour dans ses foyers, il était censé (par la fiction du *postliminium*) n'avoir jamais été prisonnier.

En ce qui concerne les donations entre époux, la captivité de l'un d'eux ne produit donc aucun effet *jure postliminii* si le captif rentre plus tard dans ses foyers; et dans le cas contraire, elle se confond *lege Cornelia* avec la mort. Par conséquent, suivant qu'il s'agit de la captivité du donateur ou du donataire, la donation sera confirmée ou infirmée, s'il ne revient pas, ou si, revenu, il meurt avant son conjoint.

Dans le cas où les deux époux avaient été faits prisonniers en même temps, on donnait la même solution que pour les cas où les deux époux étaient morts dans le même événement; le doute de la survie s'interprétait en faveur du donataire (L. 32, § 14). Si donc aucun des époux ne revenait, ils étaient censés morts au même instant, et la donation subsistait ; si l'un d'eux seulement revenait, la donation était confirmée ou infirmée, suivant qu'il s'agissait du donataire ou du donateur. Si tous deux revenaient, c'était comme s'ils n'avaient jamais été faits prisonniers.

CHAPITRE QUATRIÈME

Des seconds mariages

Les lois *Julia* et *Papia Poppæa* avaient, nous l'avons dit, frappé de graves incapacités les *cælibes* et les *orbi* dans le but de repeupler l'empire, et de combattre la corruption des mœurs. Par là, elles encourageaient les seconds et subséquents mariages ; car, sous le nom de *cælibes*, elles atteignaient non-seulement ceux qui n'avaient jamais été mariés, mais aussi ceux dont le mariage avait été dissous, et qui n'avaient pas encore atteint l'âge fixé par elles (60 ans pour l'homme, 50 ans pour la femme). Elles avaient même fixé un délai (*vacatio*), pendant lequel la femme veuve ou divorcée était à l'abri des peines du célibat; ce délai, fixé par la loi *Julia* à un an pour la veuve, et six mois pour la femme divorcée, fut étendu par la loi *Papia Poppæa* à deux ans pour la première, et dix-huit mois pour la seconde (*Ulp. Reg.* T. XIV). nos textes ne signalent du reste pas de délai analogue accordé à l'homme veut ou divorcé.

Ces dispositions des lois caducaires disparurent nécessairement sous l'influence des idées chrétiennes; et, depuis Constantin, les empereurs tendirent à restreindre les seconds mariages, sans cependant les prohiber absolument.

Déjà, dans l'ancien droit, la veuve ne pouvait, sous peine d'infamie, convoler à de secondes noces dans les dix mois de la mort de son mari (L. 11, § 1 *De his qu not. inf.* II. 2 D.) ; la raison de ce délai n'était autre que la crainte de la *turbatio sanguinis*.

Mais les empereurs chrétiens apportèrent aux secondes noces de graves restrictions. D'abord une constitution des empereurs Gratien, Valentinien II et Théodose Ier (an 381) étendit le délai de deuil de 10 mois à 1 an (L. 2, *De secundis nuptiis*, V., 9, C.) Nous trouvons en outre, vers la même époque, des dispositions importantes restreignant les secondes noces dans l'intérêt des enfants

du premier lit. Ces restrictions sont de deux sortes :
1º attribution aux enfants du premier lit des biens provenant du premier époux ; 2º restriction aux libéralités faites par l'époux remarié à son nouveau conjoint.

SECTION I

ATTRIBUTION AUX ENFANTS DU PREMIER LIT DES BIENS PROVENANT DU PREMIER ÉPOUX

La première constitution qui se réfère à cette question remonte également aux empereurs Gratien, Valentinien II et Théodose Iᵉʳ (an 382) ; (Const. *Fæminæ quæ* — L. 3, eod. tit. C.) D'après cette const. la veuve qui se remariait (après l'année de deuil) devait conserver intégralement aux enfants du premier lit, ou à celui d'entre eux qu'elle choisissait, tous les biens qu'elle avait reçus de son premier mari à titre de libéralité (dons de fiançailles, donations à cause de noces, donations *mortis causa*, institution d'héritier, fidéicommis, legs, donations entre-vifs). Elle gardait cependant l'usufruit de tous ces gains lui provenant de son premier mari, mais elle ne pouvait les aliéner, sous peine d'en devoir récompense à ses enfants sur ses propres biens. De même (*Ibid.* § 1.) elle ne pouvait conserver que l'usufruit des biens qu'elle recueillait dans la succession, *ab intestat*, ou testamentaire, de l'un de ses enfants du premier lit mort depuis son second mariage ; la nue-propriété de ces biens devait être restituée par elle aux autres enfants du même lit. Du reste, à défaut d'enfants du premier lit, elle conservait la pleine propriété de tous ces biens, avec faculté d'en disposer par testament.

En 392 Valentinien II, Théodose Ier et Arcadius (L. 1, *Si secundo*, V., 10, C.) décidèrent en outre que la femme, à qui son mari avait donné un droit d'usufruit sur ses biens, perdrait ce droit par le convol.

En 422 Théodose II et Honorius (L. 4, *De secund. nupt.*, V., 9, C.) étendirent aux enfants du second mariage le bénéfice de la loi *Fæminæ quæ* ; ils profiteront seuls des biens que la femme aura reçus de son second mari, « de telle sorte que les enfants issus de chaque mariage « conservent les libéralités provenant de leur père. »

En 426 Théodose II et Valentinien III modifièrent (L. 5, *ad Senat, C. Tertull.* VI., 56, C.) la const. *Fæminæ quæ* au profit de la mère remariée succédant à ses enfants ; elle n'était plus privée de la nue-propriété des biens recueillis dans leur succession, qu'autant que ces biens provenaient de son premier mari ; elle succédait aux autres biens (*extrinsecus quæsita*) sans restriction.

En 444 les mêmes empereurs (L. 5; *De sect., nupt.* Const. *generaliter* C.) étendirent au veuf convolant à un second ou subséquent mariage, les dispositions que les lois antérieures appliquaient à la veuve remariée. Ils décidèrent en outre. (*Ibid,* et 1.) que, pour que les enfants eussent droit à ces réserves, il n'était pas nécessaire qu'ils se fussent portés héritiers de leur auteur prédécédé ; désormais il leur suffisait d'être héritiers du survivant.

Enfin en 459, Léon et Anthémius, (L. 6, § 2, *eod. tit.*) accordèrent aux enfants du premier lit, sur les biens de la mère remariée, une hypothèque tacite pour garantie de la restitution qu'elle devait leur faire.

Voici maintenant les modifications résultant des constitutions de Justinien insérées au Code (L.8. *etseq. eod. tit.*) D'après la loi 8 pr. (an 528), dans le cas où un enfant du premier lit prédécédé a laissé des descendants ceux-ci recueilleront la part afférente à leur auteur dans les gains nuptiaux, à l'exclusion de l'époux remarié; dans le cas où il ne laisse pas de postérité (L. 11). ses héritiers quelconques pourront aussi réclamer ces biens réservés, mais déduction faite de la part attribuée par le pacte *non existentium liberorum* à l'époux survivant en cas d'*orbitas* (sur ce pacte, V. *Nov. Just.* II. *cap.* 2.— XXII, *cap.* 26 *pr.*).

Le § 1° de cette L. 8 rappelle que l'époux survivant, non remarié a la liberté d'aliéner et d'administrer à son gré les gains nuptiaux qui lui viennent de son conjoint; d'après le § 2 il peut même exclure ses enfants de la succession à ces biens, par une disposition testamentaire même *générale*.

La même loi (§ 4 et 5) étend aux biens du père remarié l'hypothèque tacite établie par la loi 6 § 2 pour garantie de la restitution des gains nuptiaux.

Enfin la loi 9 § 1 étend au cas de dissolution du mariage par divorce, la nécessité pour l'époux convolant de conserver aux enfants du premier lit les gains nuptiaux que les lois antérieures ne leur réservaient qu'en cas de dissolution du mariage par la mort.

Tel était l'état de la législation du Code sur notre matière ; mais ces dispositions furent encore modifiées par Justinien, dans ses Novelles, II, XXII, XCVIII, et CXXVII. En voici les décisions principales :

D'abord la Nov. II chap. 1, modifiant la constitution *Fœminæ quæ*, enlève à l'époux remarié le droit de chosir entre ses enfants du premier lit, pour attribuer aux uns, à l'exclusion des autres, le droit aux gains nuptiaux.

Le chap. 2 règle le sort des aliénations des biens réservés, antérieures au convol ; par suite du convol ces aliénations se trouvent révoquées ; ou du moins leur validité se trouve suspendue, et elles ne seront confirmées que si aucun des enfants du premier lit ne survit à l'époux remarié.

La Nov. XXII, chap. 20, modifiant la L. 8 § 2, décide que, dans le cas où le conjoint non remarié dispose d'une partie de ses biens au profit d'étrangers, et de l'autre au profit de ses enfants, ceux-ci succèdent toujours exclusivement aux gains nuptiaux ; pour les leur enlever il faudrait une disposition *expresse* de sa part.

Le chap. 25 confirmant la Nov. II, chap. 15 établit

une égalité complète entre les enfants de chaque lit par rapport aux gains nuptiaux.

Le chap, 26, § 1, modifie la seconde partie de la constitution *generaliter* en ce sens, que désormais les enfants recueillent les gains nuptiaux, alors même qu'ils ne seraient héritiers ni de l'un ni de l'autre de leurs parents, tandis que la C. *generaliter* exigeait qu'ils fussent au moins héritiers de l'un d'eux.

Le chap. 32 abroge la const. de l'an 392 (L. 1 *Si secundo*), qui faisait perdre à la femme remariée le droit d'usufruit qu'elle pouvait tenir de son premier mari. Mais Justinien réserve le cas de stipulation expresse de retour de l'usufruit à la nue-propriété par suite d'un second mariage.

Le chap. 46 s'occupe de l'époux remarié succédant à ses enfants pudremier lit ; la Nov. II, chap. 3, § 1 modifiant la constitution *Mater quæ* de l'an 426, avait privé la mère remariée de l'usufruit même des biens provenant du 1er mari, qu'elle trouvait dans la succession de son enfant. Notre Nov. XXII, chap. 46, revient sur cette rigueur, et décide que la mère remariée succèdera: 1º par testament à tous les biens de son enfant indistinctement, « *et dominium, et usum, sive ex « rebus quæ extrinsecus advenerunt, sive ex paternis.* (§ 1, 2º *ab intestat),* elle succèdera aussi *pleno jure* (que le second mariage soit antérieur ou postérieur au décès de l'enfant,) en ce qui concerne les biens provenant à l'enfant *extrinsecus* ; tandis qu'elle ne recueillera que l'usufruit des biens du premier mari (2).

La Nov. XCVIII, chap. 1 décide que le conjoint, même non remarié, n'aura jamais que l'usufruit des gains nuptiaux ; la propriété de ces gains est acquise aux enfants au moment même du décès de leur auteur prémourant, et transmissible à leurs héritiers.

Enfin la Nov. CXXVII, chap. 3, reconnaissant qu'il était injuste de supprimer ainsi toute différence entre l'époux remarié et l'époux non remarié, accorde à ce dernier sur les gains nuptiaux, indépendamment du droit d'usufruit, une part en propriété égale à celle de chacun des enfants.

SECTION II

RESTRICTION AUX LIBÉRALITÉS FAITES PAR L'ÉPOUX
REMARIÉ A SON NOUVEAU CONJOINT.

Nous venons d'examiner la protection accordée aux enfants du premier lit, en ce qui concerne les biens provenant de leur auteur prédécédé ; mais il fallait en outre les protéger par rapport aux biens de leur auteur survivant, qui aurait pu les en dépouiller trop facilement au profit de son nouvel époux, soit par constitution de dot, soit par libéralités à cause de mort, testamentaires, etc.

Déjà en 80, deux ans par conséquent avant la constitution *Fæminæ quæ,* les empereurs Théodose Ier et Valentinien II avaient statué en ce sens (L. 1, *eod. tit.* C.).

Indépendamment de l'infamie qui frappait la veuve remariée dans les 10 mois de deuil (délai qui fut porté à un an en 381. L. 2, *ibid.*), ils d-cidèrent que cette veuve *infamis* ne pourrait « donner en dot à son se-
« cond mari plus d'un tiers de ses biens ni lui laisser
« par testament plus que ce tiers, etc. »

Cette décision fut généralisée en 469 par les empereurs Léon et Anthémius dans la constitution *hac edictali* (L. 6, *eod. t.*). « Si un père ou une mère, ayant des
« enfants d'un précédent lit, contracte un second ou
« troisième ou subséquent mariage, il ne lui sera pas
« permis de donner à son nouveau conjoint, ni par tes-
« tament ou codicilles à titre héréditaire, ou, à titre
« de legs ou de fideicommis, ni à titre de dot, ou de
« donation *ante nuptias,* ni à titre de donation à cause
« de mort, ni au moyen de donations entre-vifs (qui,
« interdites *jure civili* pendant le mariage, peuvent
« être confirmées par la mort du donateur), au delà de
« ce que recueillira leur fils ou leur fille. Si les enfants
« ne recueillent pas les biens de leur parent survi-
« vant par parts égales, le nouveau conjoint ne pourra
« recevoir à ces titres..., au delà de ce que recueille le
« fils ou la fille qui prend le moins, etc. » Le nouveau conjoint se trouve donc réduit à une part d'enfant *le moins prenant.* Dans le cas où cette quotité avait été dépassée, il y avait lieu à réduction au profit des enfants du premier lit, et l'excédant devait être partagé entre eux (*Ibid. pr. in fine*).

Par la constitution *quoniam* (L. 9, pr. *eod. tit.*), Justinien avait décidé que cette réduction profiterait nonseulement aux enfants du premier lit, mais aussi aux enfants du second, et que l'excédant serait réparti entre eux tous *in capita*. [Cette L. 9 et la L. 10 sont datées de l'an 486 ; ce qui est évidemment une erreur de copiste ; car Justinien ne fut empereur qu'en 527.] Mais dans sa Nov. XXII, cap. 27, il changea d'avis, et revint au système de la loi *Edictali; non tamen etiam nunc nobis placet ;* désormais le bénéfice de la réduc_ tion appartiendra donc encore aux enfants du premier lit seulement, et sera divisé *inter eos solos ex æquo.*

La même Nov. XXII, cap. 28, décide formellement, (ce qui n'est que l'application des principes généraux), qu'il faut se placer à l'époque de la mort de l'époux remarié, pour calculer (d'après le nombre des enfants et les droits de chacun d'eux), la part à laquelle doivent être réduites les libéralités faites par lui à son nouveau conjoint.

DEUXIÈME PARTIE

ANCIEN DROIT FRANÇAIS

Nous verrons bientôt que ces principes du droit de Justinien eurent une grande influence sur l'ancien droit de laFrance; mais auparavant, nous rechercherons dans un premier chapitre, comment avaient été régies les dispositions entre époux dans notre pays à l'époque gauloise, à l'époque gallo-romaine , et à l'époque germanique ; nous examinerons ensuite notre ancien droit tant dans les pays de droit écrit, que dans les pays de coutumes. Un troisième chapitre sera consacré à l'étude spéciale de la Coutume de Paris; enfin, dans un quatrième chapitre, nous dirons quelques mots du Droit Intermédiaire.

CHAPITRE PREMIER

Origines

I. — ÉPOQUE GAULOISE.

Nous avons peu de documents sur le droit de la Gaule avant la conquête Romaine; toutefois, au point de vue qui nous intéresse, on a cru trouver un renseignement dans un passage des Commentaires de César, qui nous dépeint ainsi le régime matrimonial des gaulois au moment de la conquête (VI, 18.) : « *Viri quantas* « *pecunias ab uxoribus, dotis nomine, acceperunt,* « *tantas ex suis bonis, æstimatione facta, cum dotibus* « *communicant. Hujus omnis pecuniæ conjunctim* « *ratio habetur, fructusque servantur. Uter eorum* « *vita superarit, ad eum pars utriusque, cum fructi-* « *bus superiorum temporum, pervenit.* » De ce fragment il résulte que chez les Gaulois, il y avait, lors du mariage, de la part du mari, un apport exactement égal à la dot de la femme ; que ces deux apports, ainsi que leurs revenus, étaient mis en réserve et attribués au survivant des deux époux. De l'existence de ce gain de survie, de cette donation mutuelle et égale au

 8

profit du survivant, on a cru pouvoir conclure que,
pendant le mariage, les époux ne pouvaient se faire aucune libéralité, non seulement entre-vifs, mais même
par testament. « Si les deux époux, chez les nations
« gauloises, avaient eu la faculté de s'avantager libre-
« ment par des testaments et autres actes de dernière
« volonté, pourquoi aurait-on fixé d'avance la quotité
« qui appartiendrait à l'époux survivant, dans la suc-
« cession de l'époux prédécédé ? Si l'un des époux
« avait pu donner librement à son conjoint, dans les
« proportions les plus inégales, pourquoi d'avance
« aurait-on déterminé au profit du survivant un avan-
« tage empreint du caractère d'égalité absolue ? »
(Laferrière, Histoire du Droit, T. II. p. 83.)

II. — ÉPOQUE GALLO-ROMAINE

A la suite de la conquête romaine les vieilles institutions gauloises durent disparaître, et faire place à l'organisation et à la législation romaines; le peuple Romain
était en effet trop jaloux de sa supériorité, pour laisser
subsister chez les vaincus leurs anciennes institutions
qui leur eussent rappelé leur indépendance.

« Presque toute la Gaule jouissait depuis près d'un
« siècle et demi du droit intégral de cité romaine, *jus*
« *commercii, jus connubii, jus honorum,*) lorsque
« Caracalla (an 212 de notre ère) communiqua ce droit

« à l'universalité des habitants libres de l'Empire. »
(Chambellan, Études sur l'histoire du D. F. Étude, 4ᵉ chap.
2ᵉ nᵒ 189.) Les provinciaux régis autrefois par l'*Edictum
provinciale* furent désormais soumis d'une manière
complète à l'application du Droit Romain. Ce Droit devint donc le droit de la Gaule, et les transformations qu'il
subit successivement y pénétrèrent bientôt; il reposait
au Vᵉ siècle sur les écrits des jurisconsultes, et sur les
Codes Grégorien, Hermogénien et Théodosien, avec les
Novelles qui complétaient ce dernier Code. Les donations entre époux furent donc soumises à cette époque
en Gaule à la prohibition du droit romain, tempérée par
les exceptions que nous avons signalées, et par l'application du sénatusconsulte de l'an 206.

La Gaule était donc devenue presque complétement
Romaine, lorsque, au Vᵉ siècle, les invasions des Barbares démembrèrent l'empire d'Occident.

III. — ÉPOQUE GERMANIQUE

Les peuples d'origine Germanique qui s'étaient établis
dans la Gaule, comme les Wisigoths au Sud, les Burgondes à l'Est, les Francs au Nord, avaient apporté
avec eux le principe de la personnalité du droit. Ils
laissèrent donc aux Gallo-Romains l'usage du droit
romain ; des recueils particuliers de ce droit furent

même rédigés pour régler les rapports des Gallo-Romains entre eux ; tels sont le Bréviaire d'Alaric chez les Wisigoths, le Papien chez les Burgondes.

Mais, dans leurs rapports entre eux, les Germains continuèrent d'appliquer leurs anciennes coutumes nationales, qui furent rédigées à des époques différentes. Ces coutumes rédigées, auxquelles on donne ordinairement le nom de Lois Barbares, sont intéressantes à consulter parce qu'elles reproduisent, d'une manière assez fidèle, les institutions germaines avec leurs caractères spéciaux.

Nous n'avons pas à parler des usages germains tels que : le prix du *mundium*, payé par le mari à la famille de la femme sous les noms de *wittemon, meta, arrhæ* etc. ; la *dos*, apportée par le mari à sa femme, et dont le taux variait dans chaque loi barbare ; le *morgengabe* (don du matin), ou l'*abendgabe* (don du soir), offerts par le mari à son épouse, le premier, le lendemain matin des noces, lorsqu'il s'agissait d'une jeune fille (*tanquam pretium virginitatis*); le second, le soir même des noces, lorsqu'il s'agissait d'une veuve remariée. Nous n'avons pas non plus à rechercher, par quelles transformations successives, ces diverses institutions en se confondant donnèrent naissance au *douaire*, d'abord conventionnel, puis légal ou coutumier. Car c'étaient là des faits qui précédaient ou accompagnaient le mariage.

Mais nous avons à voir quelles étaient dans les lois barbares les règles appliquées aux donations entre époux pendant le mariage. Malheureusement la plupart des Lois Barbares gardent sur ce point le silence le plus complet. Toutefois, voici les quelques renseignements qu'elles nous fournissent : la loi des Francs Ripuaires (tit. 48) admettait sans difficulté les donations entre époux. En ce qui concerne la loi des Francs Saliens, malgré son obscurité sur ce point, M. Pardessus (Textes de la loi Salique, p. 678), croit pouvoir conclure de ses différents textes, comparés à des formules à peu près de la même époque, que les donations entre époux y étaient permises, même sans réciprocité et irrévocables ; qu'elles pouvaient porter sur tous les biens du donateur ; et que l'époux donataire, indépendamment du droit de jouissance sur les biens donnés, pouvait les consommer ou même en disposer pour des dons pieux, mais ne pouvait cependant les transmettre à ses héritiers.

Il semble en effet assez naturel, que les lois des peuples germaniques, qui admettaient le *morgengabe*, c'est-à-dire le don du matin fait le lendemain des noces dans le feu de la passion, n'aient pas apporté de restrictions à la liberté de donner entre époux. Toutefois nous voyons la loi des Wisigoths défendre toute libéralité entre époux pendant la première année du mariage (liv. iii, 1, 5), et la loi des Lombards (liv. ii, 4, 3) défendre au mari de rien donner à sa femme en dehors de la *dos* et du *morgengabe*. Mais il faut attribuer sans doute ces dispositions à l'influence du Droit Romain, influence qui s'est fait bien plus sentir dans les lois des Wisigoths et des Lombards que dans les autres Lois barbares.

Quant aux seconds mariages, les Germains les voyaient avec peu de faveur : *Tantum virgines nubent, et cum spe votoque uxoris semel transigitur ; unum accipiunt maritum, nec tanquam maritum, sed tanquam matrimonium amant,* nous dit Tacite, *(Germania, cap.* 19). Aussi, indépendamment de l'*achasius* et du *reipus* que devaient payer, en cas de second mariage, la veuve et son nouveau conjoint à la famille du premier mari, nous voyons la loi Salique *(capit. extravag., tit.* vii), attribuer aux enfants du premier lit exclusivement, les biens que leur mère avait reçus de son mari prédécédé ; cette disposition rappelle donc la constitution *feminæ* ; il ne peut, du reste, s'agir que des biens acquis par la femme remariée à titre de libéralité pendant le premier mariage ; car, même en cas de convol, la femme survivante conservait la *dos* et très-probablement aussi le *morgengabe* (quoique sur ce point les textes soient contradictoires).

CHAPITRE DEUXIÈME

Ancien Droit Français.

Le principe de la personnalité des lois, que les Germains avaient apporté, dut disparaître peu à peu, tant par suite des difficultés pratiques et des conflits nombreux auxquels il donnait lieu, que par l'influence du système féodal. Insensiblement, l'administration de la justice ne reposa plus que sur des habitudes, sur des précédents ; autour de chaque tribunal il se forma une jurisprudence, à laquelle on se conforma pour les affaires ultérieures. Les lois écrites, qui avaient été personnelles, furent ainsi remplacées par des usages, par des *coutumes*, qui furent nécessairement territoriales.

Ces coutumes se ressentirent naturellement du milieu dans lequel elles prenaient naissance. Le Midi avait été bien moins pénétré que le Nord par l'invasion germaine ; aussi, dans le Midi, où dominait l'élément gallo-romain, les coutumes reproduisirent presque exclusivement les principes du droit romain, tandis qu'au Nord, où les Germains s'étaient établis en plus grand nombre, elles reflétèrent surtout les principes du droit germanique.

De là, la division de la France en deux zônes, (pays de droit écrit; pays de droit coutumier) dont la Loire formait la limite approximative. Cette division qui s'annonce déjà au IXe siècle dans un capitulaire de Charles le Chauve, devait durer jusqu'en 1789.

Dans les pays de droit écrit, c'était le Droit romain qui formait le fond du droit ; la coutume n'était destinée qu'à le compléter, et à en faciliter l'application ; dans les pays de droit coutumier, au contraire, c'était à la coutume qu'il fallait avant tout se conformer ; le droit romain ne pouvait être invoqué que, comme raison écrite, pour expliquer ou compléter la coutume.

SECTION PREMIÈRE

PAYS DE DROIT ÉCRIT.

Dans le Midi régnait le droit romain ; on appliquait donc, en notre matière, les règles que nous avons étudiées plus haut ; en principe les donations étaient prohibées entre époux ; mais elles pouvaient être confirmées, soit expressément par acte de dernière volonté, soit tacitement par le prédécès du donateur sans révocation.

Les coutumes qui se formèrent dans le Midi ne firent que reproduire ces principes du droit Romain. Ainsi nous lisons sur l'ancienne coutume de Toulouse au Titre

XIII, chap. 5 : « Estant la donation vallable entre
« mariez, quand le donateur y persévère et n'y con-
« tredict jusqu'au dernier soupir de sa vie ou la
« confirme par sa dernière volonté. » (V. Fr. François,
Obs. des cout. de Toulouse, p. 686).

Cette application pure et simple des principes du
droit romain subsista dans le Midi jusqu'en 1789.
Toutefois la question s'éleva de savoir, si cet état de
choses n'était pas modifié par l'ordonnance de 1731,
dont l'article 3 était ainsi conçu : « Toutes donations à
« cause de mort,..... ne pourront dorénavant avoir
« aucun effet, dans les pays mêmes où elles seront
« expressément autorisées par les lois ou par les cou-
« tumes, que lorsqu'elles auront été faites dans la
« même forme que les testaments ou les codicilles ;
« en sorte qu'il n'y ait à l'avenir dans nos États que
« deux formes de disposer de ses biens à titre gratuit,
« dont l'une sera celle des donations entre-vifs, et
« l'autre celle des testaments ou des codicilles » et
l'article 4 ajoutait : « Toute donation entre-vifs, qui ne
« serait valable en cette qualité, ne pourra valoir
« comme donation ou disposition à cause de mort,
« ou testamentaire, de quelque formalité qu'elle soit
« revêtue. »

Malgré ces articles, les Parlements du Midi continuèrent à appliquer les principes du droit romain en
notre matière (V. l'art. 40 des réponses faites par le
Parlement de Toulouse aux questions du Chancelier

d'Aguesseau). En effet « il ne faut pas se figurer qu e
« notre Ordonnance retranche l'usage des donations à
« cause de mort, elle en fixe seulement les formalités
« extérieures, qu'elle veut être les mêmes que celles des
« testaments ou des codicilles. » (Furgole s. l'art. 3 de
l'ordonnance de 1731) et quant à l'article 4, « quoique
« cet article soit conçu en termes généraux, et que par
« conséquent, il semble comprendre les donations entre
« mariés, ... qui ne valent pas comme donations
« entre-vifs, mais seulement comme donations à cause
« de mort, ... toutefois il n'a pas lieu pour ces sortes
« de donations, parce qu'elles sont nommément excep-
« tées par l'article 46 de la même ordonnance. »
(Furgole s. l'art. 4.) Cet article 46 portait en effet :
« N'entendons comprendre dans les dispositions de la
« présente ordonnance ce qui concerne les dons mu-
« tuels et autres donations faites entre maris et
« femmes....; à l'égard de toutes lesquelles donations,
« il ne sera rien innové jusqu'à ce qu'il y ait été autre-
« ment par Nous pourvu. »

On appliqua également, sans aucune difficulté, dans
le Midi, en matière de secondes noces, les principes
posés par les constitutions romaines avec les modifications qu'elles avaient subies dans la suite.

SECTION II

PAYS DE DROIT COUTUMIER.

§ 1. — ANCIEN DROIT COUTUMIER.

Le Nord de la France avait été bien plus imprégné que le Midi des idées germaniques ; aussi, dans les usages qui s'y établirent, et dans les premiers monuments du droit coutumier qui les constatent, aperçoit-on davantage en général l'élément germain. Par exemple, en notre matière, De Fontaines et Beaumanoir, fidèles aux traditions des lois barbares, reconnaissent la validité des libéralités entre époux comme entre toutes autres personnes. Le premier, dans son *Conseil à un amy* (de l'an 1253 env.), chapitre XXXIII, n° 14, dit en termes exprès : « Ce que l'en puet leissier à estrange « personne , puet - en lessier à I de ses enfanz « et à sa feme meismes. » Le second dans son *Coutumier du Beauvoisy* (de 1283 env.) dit de même (ch. XII, al. 6) « Il est coustume bien aprou- « vée que li hons, toutes ches choses dessus dites » « (c'est-à-dire, d'après ce qui précède, « ses muebles, « ses conquests, et le quint de son hiretage ») puet, « lessier à sa fame , ou la fame à son seigneur ; « mes si la fame faisoit tiex lais en sa plaine santé à

« son seigneur, par forche ou par manaches, et il
« étoit bien prouvé des hoirs à la fame, chil lais seroit
« de nulle valeur. »

Ces textes à la vérité sont écrits à propos des dispositions testamentaires ; mais leur rédaction ne présente
aucune trace de la prohibition romaine ; et cela est
surtout très-remarquable chez De Foulaines, dont
l'ouvrage fourmille de citations extraites du droit
romain.

En effet, déjà à cette époque, avait eu lieu en Italie la
renaissance du droit romain, dont l'enseignement prit
alors en France comme dans une grande partie de
l'Europe un puissant essor, sous l'impulsion de l'école
de Bologne. Aussi voyons-nous, dans d'autres ouvrages
contemporains, l'influence évidente de la prohibition
romaine, influence qui résulte non-seulement de leurs
dispositions, mais encore des motifs qu'ils en donnent :
ainsi à la fin du xiiie siècle, les *Établissements de
Saint-Louis* (L. 1, ch. 114): « Dame ne puet rien donner
« à son saingnour en aumosne, tant come elle soit
« seinne, que li dons fuest pas estables ; car par aven-
« ture ele ne l'auroit pas fet en sa bone volonté, ains li
« auroit donné pour ce qu'il ne li en fist pis, ou par la
« grant amor que elle auroit à luy, et pour ce ne li
« puet-elle riens donner de son mariage. Mès avant
« que elle l'eust pris, elle li porroit bien donner le
« tiers de son heritage, ou à sa mort, quand elle seroit
« malade, pour qu'il n'y eust hoir masle. » De même

dans les *Assises de Jérusalem* (Cour des Bourgeois
ch ap. 173): « Bien sachés que nus hons ne peut faire
« don à sa moillier puis que il l'a prise, si ne le faicl à
« sa mort ou en son testament ; et c'il le fait en autre
« manière, ne vaut rien celuy don, por ce que la chose
« est auci soue come c'il ne l'eut jà dounée. » Cette
influence romaine est bien plus frappante encore dans
Bouteiller, dont la *Somme rurale* (fin du xive siècle)
nous dit : « Tu peux et dois aussi sçavoir que com-
« bien qu'expressement soit défendu que le mary durant
« le mariage ne puisse rien donner à sa femme, ni la
femme au mary. Et ce fut fait par grande et meure
« raison qui meut les Empereurs à ce faire ; car trop
« seraient les femmes introduicles à donner à leurs
« maris, ou pour complaire, ou pour crainte, qui sou -
« vent pourroit advenir, ou par motif de luxure, et
« pour ce nulle raison ne s'y peut condescendre de con-
« céder. Toutefois veut la loy escrite et si assent assez
« que si le mary a dévotion d'aucune chose donner à
« sa femme, et en lict mortel le vueille laisser et
« confermer par derraine volonté, que telle donation
« puisse avoir lieu, etc..... (titre 45, *in fine*).» Plus
loin (titre 99) il revient sur les mêmes idées : « Si le
« mary donnoit à sa femme, il sembleroit que ce fust
« par ardente luxure ; et si la femme donnoit au mary,
« il sembleroit que ce seroit plus par crainte que par
« autre raison, etc....» Plus loin encore (titre 103) il
ajoute : « Sçachez que cóbien que coustume soit au

« contraire à ce que le mary ne peut amender sa femme,
« toutefois veut le droit escrit que le mary en lict mortel
« puisse à sa femme legater convenable don et la
« femme pareillement. »

Indépendamment de ces libéralités par acte de dernière volonté, était permis entre époux le don mutuel. C'est ce que nous apprend encore Bouteiller : « Mais
« par autre raison se puevent faire dons et amende-
« ments entre les dessusdicts mary et femme, que
« layement on appelle revestissement : et aussi est
« ainsi appelé pour ce qu'autant en amende l'un que
« l'autre, etc.... »

De même Desmares : « Item homs et femme con-
« joincts par mariage ne puet rien donner l'un à l'autre
« en leur testament par voie directe, combien qu'ils
« puessent faire entrevifs don mutuel de leurs meubles
« et conquects et non autrement. » (Décisions, 223. Coutumes notoires, 58.)

Dans ce dernier texte, nous voyons Desmares reproduire les idées du Chatelet de Paris, qui n'admettait même pas les libéralités testamentaires entre époux, et dont la jurisprudence passa dans la coutume de Paris rédigée. En effet le droit coutumier, dut subir l'influence des principes nouveaux dus à la féodalité; et, en notre matière, l'influence des idées féodales vint s'ajouter à celle du droit romain, dans le sens de la prohibition des donations entre époux : L'intérêt de la conservation des biens dans les familles fit, non seulement reproduire,

mais même dépasser en général, les principes admis
en droit romain sur ce point.

En cas de second mariage, nous voyons également les
auteurs de ces anciens monuments du droit coutumier
s'intéresser au sort des enfants du premier lit. Ainsi
d'après De Fontaines (ch. XXXIII, n° 4), « Gaius dist :
« En ne doit pas asentir as pères contre les fils, quand
« il sont aguilloné et corrompu par les marrastres, si
« que il vont contre lor sanc et quierent achoison par
« quoi il deshéritent lor enfanz en lor testamenz. »
Plus loin (n° 18) : « La mère doit doner ou lessier à
« chacun de ses filz autretant à sa part comé le done
« à son secont mari en doaire. Et saches que les lois
« dient doaire ce que li hons prent à sa feme ; dont il
« semble que cestes lois aident molt à cels qui dient que
« ce que li homs prent à sa feme doit estre as enfanz
« qui issent d'els ii, sanz parçonerie, d'autres enfanz,
« encore se remarit-ele autre fois et ait enfanz. » —
De même Beaumanoir : « Len doit moult bien secourre
« à chaus qui sont desiretés en testament par le norte-
« ment de leurs parastres ou de leurs marastres, car
« il avient à le fois que la feme pour faire la volenté de
« son secont mari li lesse à li ou à ses enfans de l'autre
« fame ses muebles, ses conquets et le quint de
« son hiretage, et désirite ses hoirs, et chertes
« tout soit ainssint que nostre coustume le sueffre et la
« cort de Biauvais, nous ne créons pas que che soit
« raisons, et créons que bien et aumosne seroit de

« contrester à tex testament et de faire lès de nule valeur
« etc... » (Chap. XII, alin. 28. — Comp. Chap. LXX al. 6).

Ne pouvant suivre pas à pas le droit coutumier dans
son lent travail de formation, nous allons l'étudier
maintenant à l'époque de son complet développement,
après qu'il eut été l'objet d'une rédaction officielle.

§ II. — DROIT DES COUTUMES RÉDIGÉES.

Ce fut l'ordonnance de 1453, rendue à Montil-lez-
Tours par Charles VII, qui ordonna (art. 125) la rédaction générale des coutumes. Jusque-là en effet, le
droit coutumier ne reposait guère que sur la jurisprudence, et sur les ouvrages privés des jurisconsultes;
s'il y avait doute sur la coutume dans tel ou tel cas, on
avait recours à des enquêtes; on interrogeait un certain
nombre de témoins sur l'usage suivi dans la localité ;
ces enquêtes par *turbes* présentaient évidemment de
graves inconvénients; c'est à ces inconvénients que
l'ordonnance voulait remédier en faisant fixer la coutume de chaque lieu par l'écriture.

Malheureusement l'exécution de ce projet n'eut pas lieu
immédiatement; ce fut seulement sous Louis XII que
cette rédaction officielle fut commencée; continuée sous
ses successeurs, elle ne fut terminée que sous Henri III.
Quelques coutumes furent l'objet de deux rédactions:
Ainsi la coutume de Paris, rédigée une première fois
en 1510, fut réformée par une seconde rédaction effectuée en 1580.

Les coutumes, ainsi rédigées au XV⁰ et au XVI⁰ siècles, présentent en notre matière, comme en toute autre, une assez grande diversité. Nous allons examiner successivement ce qui concerne : 1⁰ La prohibition des libéralités entre époux; 2⁰ Le don mutuel permis entre époux; 3⁰ Les secondes noces.

I. — Prohibition des libéralités entre époux.

Sous ce rapport, Pothier (Donat. entre mari et femme, n⁰ˢ 7 et suiv.) rangeait les coutumes en quatre classes :

1⁰ La première classe comprenait les coutumes qui n'admettaient entre mari et femme qu'une seule forme de libéralité, le don mutuel, et prohibaient toutes autres libéralités, tous autres avantages directs ou indirects, non-seulement entre-vifs, mais aussi par testament. A cette première classe appartenaient la coutume de Paris (art. 282), la coutume d'Orléans (art. 280) et le plus grand nombre des coutumes.

2⁰ La seconde classe comprenait les coutumes qui, outre le don mutuel, permettaient les libéralités testamentaires entre époux. Du reste dans cette classe se trouvaient diverses variétés : Ainsi, tandis que la plupart de ces coutumes permettaient de donner par testament au conjoint, autant qu'à un étranger, la coutume de Rheims, au contraire, (art. 291) permettait bien aux conjoints de se léguer l'un à l'autre leurs meubles et conquêts en propriété, mais ne leur permettait de disposer ainsi « de la moitié de leur naissant et acquêts « faits auparavant leur mariage, qu'en usufruit seule- « ment. » De même, tandis que la coutume de Mantes (art. 145, 146) exigeait pour la validité de ces libéralités entre époux, qu'il n'y eût pas d'enfants, une autre, celle d'Amiens (tit. 5, art. 106) ne permettait aux époux, orsqu'il y avait des enfants, de se rien donner par testament qu'en usufruit; et d'autres ne distinguaient pas s'il y avait des enfants ou non : Chateauneuf (chap. 17, art. 113), Charles (chap. 17, art. 91), Dreux (tit. 18, art. 81), Péronne (art. 111), Ponthieu (tit. 2, art. 24)

Dans cette seconde classe devaient être rangées les coutumes qui, prohibant expressément les donations entre-vifs, étaient muettes en ce qui concerne les libéralités testamentaires ; telle était la coutume de Nivernais (tit. 23, art. 27.). En effet ce mode de disposition, étant de droit commun, ne devait pouvoir être enlevé aux conjoints que par une disposition formelle des coutumes ; d'autant mieux que, grâce à sa révocabilité, ce genre de libéralité présente peu de dangers.

3° La troisième classe comprenait les coutumes qui admettaient non-seulement les libéralités testamentaires, mais même les donations entre-vifs confirmées par le prédécès du donateur sans révocation. Telles étaient les coutumes de Poitou, (art. 213), de Touraine (art. 244.) ; (celle-ci exigeait qu'il n'y eût pas d'enfants.) Pothier considérait ces coutumes comme modifiées par l'art. 3 de l'Ordonnance de 1731 dont nous avons déjà parlé, et les faisait rentrer par suite dans la deuxième classe. Mais nous avons vu que l'art. 46 de la même ordonnance exceptait formellement de ses dispositions les donations entre époux.

4° Enfin la quatrième classe comprenait les coutumes qui, plus favorables encore, permettaient aux époux de se faire de véritables donations entre-vifs irrévocables, à u moins en certains cas et sous certaines restrictions : De ce nombre étaient les coutumes d'Angoumois (art. 52), de Montfort (art. 149), de Noyon (tit. 13, art. 21), de Saint-Jean-d'Angely (tit. 8, art. 13). Les coutumes d'Angoumois et de Montfort permettaient aux conjoints de se faire donation entre-vifs en usufruit de leurs meubles et acquêts et d'une partie (le 1/3 dans la 1re, le 1/4 dans la 2e) de leurs propres, mais seulement dans le cas où il n'y avait pas d'enfants. La cout. de Noyon leur permettait de se donner entre-vifs : 1° s'il n'y avait pas d'enfants la propriété des meubles et acquêts et l'usufruit de la moitié des propres; 2° s'il y avait des enfants, les meubles et acquêts seulement (sauf la légitime). Enfin la coutume d'Auvergne (chap. 14, art. 28 et 39) contenait une singularité remarquable : en permettant au mari de faire donation entre-vifs de tous ses biens à la femme (sauf le droit des ligitimaires), elle prohibait au contraire toute libéralité de la femme au mari.

En présence de cette diversité des coutumes, on comprend l'intérêt qui s'attachait à la question de savoir, si toutes ces dispositions sur les libéralités entre époux

constituaient des statuts réels, ou des statuts personnels. Ricard (don mutuel n° 328) semblait les considérer comme des statuts personnels (Comp : toutefois les
n° 347 et suiv.). Pothier au contraire (Don: entre m : et
f. n° 20 et suiv.) pensait avec plus de raison, qu'il fallait les considérer comme des statuts réels, réglant la
disponibilité des biens, et non la capacité des personnes. Par suite, la translation de domicile des époux,
d'un lieu soumis à une coutume prohibant les donations à un lieu dont la coutume les autorisait, ou *vice
versa*, ne produisait aucun effet quant à leurs biens
immeubles, dont ils continuaient à ne pouvoir disposer
entre eux que d'après les règles de la coutume de la
situation de ces immeubles, tandis qu'elle était très-
importante quant aux biens meubles, qui n'ont pas
d'assiette fixe, et dont la disponibilité subissait l'influence
des variations de domicile de leurs propriétaires.

Il est évident que toute clause d'un contrat de mariage, qui aurait eu pour but de permettre aux époux de
se faire des libéralités prohibées par la coutume, eût été
absolument nulle. Toutefois, la coutume de Bourgogne
(ch. 4, art. 7.) contenait sur ce point une exception
remarquable : « Le mari et la femme ne peuvent faire
« traité, donations, etc... se autrement par le traité de
« mariage il n'était entre eux convenu. »

Quant à la clause d'un contrat de mariage, stipulant
que les époux ne pourraient se faire aucune donation, il
y avait discussion sur sa validité.

II. — DON MUTUEL

Le plus grand nombre des coutumes admettaient le don mutuel entre époux ; mais elles présentaient encore ici une grande diversité, et Pothier en comptait sur ce point jusqu'à huit variétés. On peut avec Merlin, (Rép. V° don mutuel, § I, n°ˢ 3, 4, 5, 6.) les ranger en quatre classes.

1° Au point de vue de l'admission même du don mutuel. Quelques coutumes n'admettaient pas le don mutuel ; telles étaient la coutume de Chartres, dont l'art. 14 (titre III.) portait : « Don mutuel n'a point de lieu, « et ne peuvent deux conjoints par mariage donner « aucune chose l'un à l'autre ; » la coutume de Normandie, dont l'art. 410 défendait : « à gens mariés, de « se céder, donner ou transporter l'un à l'autre quelque « chose que ce soit, directement ou indirectement ; » la coutume d'Auvergne, dont nous avons déjà signalé la disposition toute spéciale. Sauf ces exceptions, le don mutuel était le droit commun dans les coutumes ; mais tandis que celles de Paris (art. 280.) d'Orléans (art. 281), et, le plus grand nombre, ne permettaient le don mutuel qu'autant que les conjoints n'avaient, ni l'un ni l'autre, d'enfant lors de la mort du prédécédé ; d'autres, comme celles de Rheims (art. 234), Péronne (art. 110), le permettaient qu'il y eût enfants ou non ; quelques unes, comme celles de Mantes (art. 147), du

Poitou (art. 213), permettaient à chaque époux de révoquer le don mutuel sans le consentement de l'autre,
en lui notifiant de son vivant cette révocation. Enfin la
coutume de Dunois (art. 68),exigeait que le don mutuel
fût confirmé par un testament mutuel.

2° Au point de vue de l'étendue du don mutuel. Les
coutumes de Paris et d'Orléans,ainsi que le plus grand
nombre, ne permettaient de disposer par don mutuel
que des biens de communauté ; d'autres permettaient
de disposer de tous les meubles, acquêts et conquêts;
d'autres, (telle que la coutume du Poitou, art. 209.)
même d'une partie des propres ; d'autres distinguaient
suivant qu'il y avait ou non des enfants.

En général, le don mutuel ne pouvait porter que sur
l'usufruit ; mais plusieurs coutumes permettaient de le
faire porter sur la propriété même. Quelques-unes distinguaient à cet égard suivant la nature des biens.
Par exemple, la coutume du Grand-Perche (art.94) ne
permettait le don mutuel en propriété que sur les
meubles ; celle du Berry (tit. 8, art. 3.) le permettait
sur la propriété du tiers des meubles, et l'usufruit, en
entier des conquêts ; celle de Blois (art. 163) permettait le don mutuel des meubles et conquêts,en propriété
aux époux sans enfants, et en usufruit seulement dans
le cas contraire.

3° Au point de vue de l'égalité requise. La plupart
des coutumes exigeaient pour la validité du don mutuel, qu'il fût établi avec une égalité parfaite dans ce

que les conjoints se donnaient réciproquement ;
quelques-unes, comme celles d'Anjou (art. 327.) et de
Tours (art. 244), se contentaient d'exiger que les deux
époux eussent des biens de même espèce à se donner.

Quelques coutumes exigeaient que les époux fussent
égaux, ou presque égaux en âge. [Bar art. 163],ou qu'il
n'y eût pas entre eux une différence d'âge supérieure
soit à 15 ans. [Auxerre art. 222.], soit à 10 ans, [Nivernais chap. 23, art. 27.]. Les autres coutumes
n'exigeaient pas cette égalité d'âge.

Toujours dans le même but d'égalité, quelques coutumes exigeaient que les époux fussent « en santé » :
[Paris (art. 280), Meaux art. 23] ; d'autres qu'ils
fussent « non malade de maladies dont ils seraient
depuis décédés ,» [Grand-Perche (art. 94), Montfort
(art. 147), Laon (tit. 5, art. 47.)].

4° Au point de vue de la saisine du donataire, et de
la caution qu'il devait fournir. Dans la coutume de Paris (art. 284), le donataire mutuel n'était pas saisi, et
devait demander la délivrance ; dans quelques coutumes, au contraire, le donataire était saisi de plein
droit : dans la coutume de Bourbonnais (art. 227), c'é-
tait lors du décès du donateur prémourant ; dans
d'au res, c'était du jour où le donataire avait présenté
caution (Orléans, art. 282). Quant à la caution, les coutumes de Paris (art. 285), d'Orléans (art. 281),et le plus
grand nombre, exigeaient bonne et suffisante caution ;
celle de Grand-Perche (art. 941) se contentait de la

caution juratoire du donataire ; celle de Blois (art. 163) n'exigeait la caution qu'en cas de convol.

Signalons, en terminant sur le don mutuel, l'art. 281 de la coutume de Paris (comp. l'art. 79 de celle de Calais) qui permet aux époux « marians leurs enfans » de se laisser réciproquement la jouissance de leurs meubles et conquêts, dispo ition s ur laquelle nous aurons à revenir.

III. — SECONDES NOCES.

Dans la plupart des coutumes, la prohibition des libéralités entre époux protégeait très-efficacement les enfants du premier lit contre les donations qu'un époux remarié aurait voulu faire à son nouveau conjoint. Mais avant le mariage, les futurs époux pouvaient se faire toute espèce de libéralités ; il était donc à craindre, lorsque l'un d'eux était veuf et avait des enfants de son premier mariage, qu'il ne sacrifiât facilement l'intérêt de ses enfants, en faisant des libéralités excessives à son nouveau conjoint ; en outre, nous avons vu que certaines coutumes ne prohibaient pas d'une manière absolue les libéralités entre époux, et à ce point de vue, les enfants du premier lit pouvaient encore avoir besoin de protection.

Aussi quelques coutumes reproduisirent-elles les principes qu'avaient posés les constitutions romaines en matière de secondes noces. Mais sur ce point elles présentaient encore une grande diversité, et un grand nombre ne contenaient aucune restriction de ce genre.

Certaines coutumes, reproduisant les dispositions de la loi *Hac Edictali*,défendaient à la veuve qui se remariait de faire à son second époux aucun avantage excédant une part d'enfant le moins prenant. Telles étaient les coutumes de Paris (art. 279), Calais (art. 71), Normandie (art. 91, 390, 405, 406), Orléans (art. 203), Sedan (art. 99). La coutume de Valois (art. 134), défendait de faire au nouvel époux aucun avantage excédant le tiers des immeubles.

Cette prohibition était appliquée par une jurisprudence constante aux veufs et aux veuves. Les coutumes de Paris (art. 283), Bourbonnais (art. 226), Calais (art. 99), Sedan (art. 126) l'étendaient aux enfants du second époux.

De même les coutumes d'Amiens (art. 107), Calais (art. 71), Châlons (tit. 6, art. 55), Sedan (art. 180), Vermandois (tit. 3, art. 26),reproduisant le principe de la loi *Fœminæ,* réservaient aux enfants du premier mariage tous les gains et avantages provenant à la veuve remariée de son premier mariage. Cette disposition fut également appliquée au veuf comme à la veuve.

Il en fut de même de la disposition des coutumes de Paris (art. 279) et Orléans (art. 203) qui avaient apporté une extension remarquable aux dipositions romaines, en défendant à la femme remariée de disposer de sa part des conquêts de la première communauté au

préjudice de ses enfants du premier mariage ; [comp.
les coutumes de Calais, (art. 71) et Sedan (art. 180], et
cette prohibition fut appliquée même aux effets mobiliers de la communauté.

Les dispositions concernant les secondes noces ne
pouvaient s'appliquer au don mutuel, que les époux
communs en biens pouvaient se faire pendant le mariage ; car il supposait en général l'inexistence d'enfants ; mais dans les coutumes du Maine (art. 334) et
Chateauneuf (art. 106), qui admettaient le don mutuel
même lorsqu'il y avait des enfants, cet avantage
(quoique ne consistant qu'en usufruit) était révocable
par les secondes noces. De même la coutume de Poitou,
qui permettait le don mutuel sur la propriété des
meubles et acquêts et du $\frac{1}{3}$ des propres, le restreignait (art 209) à l'usufruit, en cas de secondes
noces.

Quant à l'avantage permis par l'art. 281 de la coutume de Paris entre époux mariant leurs enfants, cet
article déclarait expressément que cet avantage cessait
en cas de convol.

Enfin « l'art. 454 de la coutume de Bretagne veut que
« la femme veuve qui se remarie avec son domestique
« perde son douaire ; dans le cas où celle qui aurait
« enfant d'autres mariages se remarierait *follement*
« *à des personnes indignes de sa qualité,* cette cou-
« tume annule tous les dons et avantages que cette
« veuve aurait faits à *telles personnes* et la déclare

« *interdite de tous ses biens.* » (Merlin, Répert.,
v° Noces (secondes), § II, n° 2).

CHAPITRE TROISIÈME

Coutume de Paris.

Après cet aperçu général sur les dispositions si diverses des coutumes en notre matière, nous allons étudier d'une manière spéciale la coutume de Paris, qui,
par l'étendue de son territoire et par son importance,
formait une sorte de droit commun coutumier ; nous signalerons du reste en passant les divergences remar-
quables des autres coutumes.

SECTION I

PROHIBITION GÉNÉRALE.

Ainsi que nous l'avons dit déjà, la coutume de Paris
prohibait entre époux tout avantage, autre que le don
mutuel. L'art. 282 de sa deuxième rédaction (art. 156
de la première ré laction) portait en effet : « Hommes
« et femmes conjoints par mariage, constant icelui, ne
« se peuvent avantager l'un l'autre par donation entre-
« vifs, par testament ou ordonnance de dernière vo-

« lonté, ne autrement, directement ne indirectement,
« sinon par don mutuel, comme dessus. »

Il faut voir dans cette prohibition la double influence
des idées romaines et des idées féodales. On lui donnait en effet le même fondement qu'à Rome ; « *ut non
sit amor conjugum venalis,* » disait Dumoulin sur
l'art. 156 de l'ancienne coutume. « La raison du droit
« romain est pleine d'honneur, à ce qu'il ne semble
« que l'amitié, concorde et gracieux traitement soit à
« vendre, et pour faire connaître qu'au cœur est la
« vraye amour et non en l'extérieur, » disait Coquille
(*Institution au D. François.* Des droits des mariez. —
Comp. ses *Questions,* n° 137 et n° 149) ; et Pothier
approuvait comme « de très-belles raisons » ces motifs
qu'Ulpien donnait de notre prohibition dans les textes
que nous avons rapportés. — Mais, dans l'intérêt de la
conservation des biens dans les familles, nos coutumes
et notamment la coutume de Paris furent plus rigou-
reuses que le droit romain, et prohibèrent même les
dispositions testamentaires entre époux. « La raison par
« laquelle nos coutumes se sont écartées des lois ro-
« maines, en défendant aux conjoints par mariage
« toutes espèces d'avantages et donations, est fondée
« sur le soin et le désir de conserver les biens dans les
« familles ;.... autrement les conjoints par mariage qui
« n'auraient point d'enfants se donneraient tous leurs
« biens l'un à l'autre, et feraient passer des successions
« opulentes dans des familles étrangères, etc. »

(Ferrière, Cout. de Paris, art. 282, glos. i, n° 6).

Nous allons examiner dans un premier paragraphe l'étendue de cette prohibition et, dans un deuxième ses effets.

1. — ÉTENDUE DE LA PROHIBITION.

1° Quant aux *personnes*, la prohibition atteignait tous les conjoints par mariage, qu'ils fussent communs en biens, ou séparés de biens, ou même séparés d'habitation ; elle atteignait non-seulement les personnes unies par un mariage légitime et valable, mais même celles unies par un mariage annulable, jusqu'à ce que la nullité en fût prononcée, et même celles unies par un simple concubinage ; cette dernière hypothèse ne rentrait pas, il est vrai, dans les termes de la coutume; mais on se fondait, pour y étendre la prohibition, tant sur des motifs d'honnêteté publique, que sur le danger de la captation, danger plus grand encore entre concubins qu'entre époux ; il est même à remarquer que certaines coutumes, qui exceptionnellement permettaient les donations entre époux, comme la coutume de Tours (art. 243), les défendaient (art. 246) entre concubins.

Du reste la disposition expresse de l'art. 132 de l'ordonnance de 1629, due au chancelier Michel de Marillac, vint mettre fin à toute difficulté sur ce point.

En outre, nous verrons que certains proches parents

de chacun des époux étaient présumés interposés entre cet époux et son conjoint.

2° En ce qui concerne les *libéralités* atteintes par la prohibition, la coutume de Paris était plus rigoureuse que le droit romain ; elle prohibait en effet toute libéralité, non-seulement par « donation entre-vifs », mais encore par « testament ou ordonnance de dernière volonté, » ou « autrement; » cette prohibition atteignait du reste aussi bien les libéralités faites « indirectement » que celles faites « directement. »

Comme libéralités directes, étaient donc prohibées les donations soit de pleine propriété, soit d'usufruit, soit de droit réel quelconque, les promesses faites par l'un des conjoints à l'autre, la remise gratuite d'une dette ou d'un droit de servitude, etc. On considérait aussi comme prohibées entre époux, ces libéralités que nous avons vues validées par les jurisconsultes romains comme ne contenant pas un enrichissement du donataire, telles que la donation faite par la femme au mari d'une somme d'argent pour obtenir des provisions, et se faire recevoir dans un office honorable, etc. ; la donation faite par l'un des époux à l'autre, pour permettre à celui-ci de réparer un dommage résultant d'un accident, comme par ex., de reconstruire une maison incendiée.

La prohibition atteignait aussi les donations testamentaires telles que les legs etc. ; et il en était ainsi, alors même que le testament était antérieur au mariage.

Étaient également prohibées toutes libéralités soit indirectes, soit déguisées, soit par personnes interposées.

La prohibition avait donc une portée très-générale. Toutefois, on considérait comme valables entre époux, à cause de leur peu d'importance, le paiement anticipé d'une dette, le prêt à usage, la remise d'une hypothèque, les présents d'usage, etc.

Mais l'exception la plus importante à la prohibition était le don mutuel que nous aurons à étudier bientôt.

II. — EFFETS DE LA PROHIBITION.

La sanction de cette prohibition était, dans notre ancien droit comme en droit romain, la nullité radicale de la libéralité.

Le concours des héritiers présomptifs de l'époux donateur à l'acte de donation, ne l'eût pas préservé de la nullité ; ce n'était pas en effet dans l'intérêt seul des héritiers, que les donations étaient défendues entre époux ; et du reste ce concours n'aurait pas été libre. Toutefois, on peut signaler sur ce point la disposition exceptionnelle de la coutume de Bourgogne (ch. 4, art. 7) qui, défendant tout traité ou donation entre mari et femme, ajoutait : « si ce n'est du consentement « des plus prochains parens vivans, qui devraient

« succéder au mari ou à la femme qui feraient les dits
« traités. »

Voyons les effets de cette nullité :

1° D'abord, quant aux *libéralités directes*, nous
pouvons distinguer plusieurs hypothèses :

A. En cas de donation d'un bien corporel suivie de
tradition, la propriété ne se trouvait pas transportée
à l'époux donataire, malgré la tradition ; le donateur
et ses héritiers avaient donc la revendication, soit
contre le donataire et ses héritiers, soit contre les
tiers-acquéreurs ; toutefois ces derniers pouvaient
prescrire la propriété par dix, vingt, ou trente ans, suivant les cas, s'il s'agissait d'un immeuble, ou par trois
ans, s'il s'agissait d'un meuble.

Le donateur et ses héritiers avaient en second lieu
une action personnelle contre le donataire et ses héritiers, pour faire exécuter l'obligation de rendre l'objet
donné ou sa valeur. Cette action personnelle était surtout utile, lorsque la revendication ne pouvait plus
être intentée, par ex. : lorsqu'il s'agissait d'une
somme d'argent, ou lorsque l'immeuble ou le meuble
donné avait péri par la faute du donataire, ou avait été
aliéné par lui au profit d'un tiers qui avait prescrit,
etc.

Dans notre ancien droit, on ne recherchait du reste
pas, comme le faisait le droit Romain, si le donataire
se trouvait enrichi ou non par suite de la donation ;
il était présumé en avoir profité.

B. La donation d'une chose incorporelle (comme une cession de créance, la constitution d'un droit de pâturage, etc.) suivie de quasi-tradition, était également frappée de nullité ; l'époux titulaire du droit cédé en restait propriétaire ; toutefois, en cas de cession de créance, le cédé qui, en vertu de la cession qui lui avait été signifiée, avait payé au cessionnaire, était libéré : le cédant avait alors contre celui-ci une action personnelle, pour le montant de la somme qu'il avait reçue.

C. S'agissait-il d'une promesse, d'une remise de dette, etc., il n'y avait rien de fait ; — l'époux qui avait promis n'était pas obligé ; l'époux donataire n'avait aucune action pour demander l'exécution, et ce qui lui avait été payé à ce titre, pouvait être répété comme payé indûment ; — l'époux qui avait fait la remise de dette, restait créancier et conservait les actions qu'il avait auparavant.

D. De même, toute libéralité testamentaire entre époux était nulle et de nul effet ; elle ne donnait aucun droit au conjoint à qui elle avait été faite, aucune action en délivrance.

Observons toutefois que, dans le cas où il s'agissait d'une donation par promesse ou par testament, le paiement, fait volontairement par les héritiers de l'époux donateur ou testateur, était inattaquable par eux. « On « ne peut pas dire qu'il a été sans cause ; ..... car la « fidélité, qu'a un héritier à exécuter les volontés du dé-« funt, quoique la loi ne l'y oblige pas, est très-louable

10

« et est une cause honnête du paiement qu'il a fait. »
« (Pothier, n° 76).

2° Comme *libéralités indirectes*, l'on peut distinguer
les libéralités simplement indirectes, les libéralités
déguisées, et les libéralités par personnes interposées.

A. Libéralités indirectes. Nous ne trouvons plus dans
notre ancien droit la distinction assez subtile, que faisaient les jurisconsultes romains, entre les actes par
lesquels on s'appauvrit, et ceux par lesquels on néglige
de s'enrichir.

Ainsi était nulle, comme libéralité indirecte, la renonciation à une hérédité ou à un legs, faite par un époux,
dans le but d'en faire profiter son conjoint. Toutefois
Pothier (n°s 88-91) admettait sur ce point quelques
tempéraments : Par exemple, il considérait la renonciation comme valable, lorsque le conjoint, au profit
duquel elle avait lieu, était appelé de préférence dans
l'ordre légal des successions. — De même, il y avait
libéralité prohibée, lorsqu'un époux, héritier d'un tiers,
s'abstenait d'intenter l'action en réduction des quatre
quints contre son conjoint, à qui ce tiers avait légué la
totalité de ses propres. (Les coutumes ne permettaient
en général de léguer que le cinquième des propres).

Quant aux libéralités par omission, résultant de la
négligence intentionnelle de l'un des époux à exercer
une action réelle ou personnelle contre son conjoint,
elles ne pouvaient plus se présenter dans notre ancien

droit coutumier; car il était de principe que la prescription ne courait pas entre époux.

B. Libéralités déguisées. Le droit coutumier, plus rigoureux que le droit romain, prohibait complétement les contrats entre époux. Les coutumes de Bourbonnais (ch. 10, art. 226), de Nivernais (ch. 23, art. 27), de Normandie (ch. 15, art. 410), étaient formelles en ce sens. De même, Dumoulin disait sur l'art. 156 de l'ancienne coutume de Paris : *Nullum contractum, etiam reciprocum, facere possunt, nisi ex necessitate.* On appliquait la même prohibition pour les coutumes muettes.

Malgré cette défense générale, les époux pouvaient encore, au moyen de certains actes, se faire des libéralités déguisées. Tel était le cas où pendant le mariage le mari, voulant avantager sa femme, avait exagéré les apports de celle-ci ou diminué les siens, par des états signés par lui; de même, en cas d'exagération ou de diminution mensongère des biens qui étaient échus à l'un des époux pendant le mariage, et dont la communauté devait lui tenir compte à la dissolution ; de même, en cas de suppression des pièces justificatives des reprises que l'un des conjoints aurait droit d'excercer, etc.

Tous ces avantages étant nuls, la preuve de la fraude pouvait être faite par tous moyens.

C. Libéralités par personnes interposées. Les libéralités, faites entre époux par interposition de personnes, étaient également frappés de nullité, et les parties intéressées pouvaient encore prouver cette interposition, comme toute fraude, par tous les moyens possibles.

Nous trouvons en outre dans notre ancien droit, certaines présomptions d'interposition entre l'un des époux et les proches de l'autre. Ainsi les coutumes de Bourbonnais (art. 226), d'Auvergne (ch. 14, art. 28), défendaient toute donation et tout contrat entre chacun des époux et les parents dont l'autre était héritier présomptif. On s'accordait généralement à regarder comme personnes interposées, dans les coutumes qui ne contenaient pas de semblables dispositions, les père et mère des époux, tandis que l'on considérait comme valables les donations faites par un époux au frère, à la sœur, etc., de son conjoint, quoique celui-ci fût leur héritier présomptif.

On considérait aussi comme personnes interposées, les enfants que l'un des époux avait eus d'un précédent mariage ; aussi prohibait-on généralement les donations entre l'autre époux et ces enfants de son conjoint. Toutefois, il faut remarquer que la coutume de Paris était moins rigoureuse ; car elle ne défendait à l'un des époux de donner aux enfants de son conjoint, issus d'un précédent mariage, qu'autant que lui-même avait des enfants (soit communs, soit issus d'un précédent lit). « Ne peuvent lesdits conjoints donner aux en- « fans l'un de l'autre d'un premier mariage, au cas « qu'ils ou l'un d'eux aient enfans. » (art. 283).

SECTION II

DON MUTUEL.

Indépendamment du don mutuel ordinaire, permis par le droit commun des coutumes, et notamment par l'article 280 de la coutume de Paris, cette coutume autorisait dans son article 281 une autre espèce d'avantage mutuel entre époux dans le contrat de mariage de leurs enfants. Nous allons les étudier successivement.

§ I. — DON MUTUEL ORDINAIRE.

L'art. 280 de la coutume de Paris était ainsi conçu : « Hommes et femmes conjoints par mariage, peuvent « et leur loist, faire donation mutuelle l'un à l'autre « également de tous leurs biens meubles et conquêts « immeubles, etc... »

Pothier définissait ce don mutuel : « un don entre-« vifs égal et réciproque, que deux conjoints par ma-« riage se font réciproquement l'un à l'autre, à défaut « d'enfans de l'un et de l'autre, et en cas de survie, « de l'usufruit des biens de leur communauté, aux « charges portées par les coutumes. » (n° 129.)

I. — NATURE ET CARACTÈRES DU DON MUTUEL.

En présence de l'art. 280, on pouvait se demander si le don mutuel était bien une donation, ou s'il n'était pas plutôt un contrat aléatoire et à titre onéreux. Ricard (Don mutuel nos 2 et suiv.) considérait le don mutuel parfaitement égal comme un contrat à titre onéreux. Mais Pothier (n° 130), s'attachant à l'intention commune des parties, (qui est plutôt de se faire une libéralité réciproque, que de spéculer sur les chances de vie et de mort de chacun d'eux), y voyait au contraire une donation. C'était ainsi, du reste, que l'avait envisagé l'ordonnance de 1731 qui le soumettait à l'insinuation (art. 20).

Il était de l'essence du don mutuel d'être irrévocable ; sa mutualité écartait en effet toute crainte de captation ; l'un des époux n'aurait donc pas pu détruire à son gré le contrat ; un pareil droit ne pouvait même être réservé expressément ; cette réserve aurait rendu le don mutuel radicalement nul ; mais il est évident que les époux pouvaient d'un commun accord révoquer le don mutuel.

Les deux époux pouvaient excepter du don mutuel de leurs meubles et conquêts immeubles, telle somme qu'il leur plaisait, égale pour tous deux : cette réserve était indispensable, lorsqu'ils voulaient conserver la faculté de disposer de quelques-uns de ces biens par

testament ; il ne résultait de là aucune atteinte à l'irrévocabilité ; car la somme fixée demeurait exceptée
du don mutuel, que les époux en disposassent ou non.
Du reste comme le don mutuel portait sur les biens tels
que les époux les laissaient à leur décès, ces biens restaient aliénables entre leurs mains, pourvu qu'ils n'en
disposassent pas à titre gratuit en fraude du don mutuel (Pothier, n° 140.)

L'égalité était, comme l'irrévocabilité, un caractère
essentiel du don mutuel. Il devait y avoir à la fois égalité des biens faisant l'objet du don, et égalité des
chances de survie.

Quant aux biens, les époux devaient se donner autant l'un que l'autre ; à défaut d'une égalité parfaite,
on ne se contentait pas de réduire le don mutuel à la
libéralité la plus faible, on l'annulait complétement.
La coutume de la Marche (art. 290), s'écartant sur ce
point du droit commun, décidait que le don mutuel «s'il
« y avait inégalité, sera réduit à égalité.»

Supposons par exemple, que dans leur contrat de
mariage, l'un des époux avait donné à l'autre une partie de ses meubles et conquêts, en propriété ou en usufruit; s'il était intervenu ensuite un contrat de don mutuel, par lequel le conjoint donateur par contrat de
mariage, donnant le reste de ces biens, eût reçu la
totalité de la part des biens de l'autre, le don mutuel
eût été nul pour le tout.

Au point de vue des chances de survie, nous avons

vu que l'on exigeait que les conjoints fussent «en santé», et que certaines coutumes exigeaient de plus qu'il
n'y eût pas une trop grande différence d'âge entre
eux.

II. — CONDITIONS DE VALIDITÉ.

1º *Conditions de fonds*. — La coutume de Paris exigeait pour la validité du don mutuel :

A. Que le donateur et le donataire fussent «conjoints
par mariage. » Lorsque le mariage était annulé, le
don mutuel était nul, comme manquant de cause
(Ricard, nº 161.). Toutefois, en cas de mariage putatif,
le don mutuel aurait pu produire effet au profit de
l'époux ou des époux de bonne foi (Pothier, nº 146.)

B. Qu'ils fussent « communs » en biens. Si donc les
époux étaient mariés sous le régime de séparation de
biens, ou d'exclusion de communauté, pas de don mutuel possible ; de même en cas de séparation de biens
judiciaire.

Le don mutuel ne devait porter que sur l'usufruit de
tout ou partie des biens communs, sur les « meubles et
« conquêts immeubles, faits durant et constant leur ma-
« riage, et qui sont trouvés à eux appartenir, et être
« communs entre eux à l'heure du trépas du premier
« mourant des dits conjoints, pour en jouir par le sur-
« vivant d'iceux conjoints, sa vie durant seulement,

etc. » Si le don mutuel était plus étendu, il était nul pour le tout.

Lorsque le contrat de mariage avait modifié l'égalité du partage de la communauté, la faculté pour les époux de faire entre eux un don mutuel, se trouvait modifiée dans la même limite; pour que le don mutuel ne fût pas nul pour le tout, il fallait que les époux ne le fissent pas pour une part supérieure à celle de l'époux le moins prenant au partage. (Ricard n° 166, Pothier, n° 142.) En cas de forfait de communauté, le don mutuel était considéré comme complétement impossible, soit à cause de l'inégalité entre la somme fixe du forfait et la valeur réelle des biens communs, soit parce que la créance résultant du forfait n'avait jamais été commune entre les époux. (Ricard n° 164, Pothier n° 148.)

C. Qu'ils fussent « en santé » au moment du don mutuel ; par ces mots, il faut entendre non pas l'absence de toute maladie, mais seulement l'absence de maladies pouvant compromettre la vie. Ainsi la coutume de Rheims (art. 234) portait : « Homme et femme, étant en « santé, ou quoique ce soit, non malades de maladies « dont ils seraient vraisemblablement décédés, peuvent « etc... »

Dans le cas où l'un des époux, malade au moment du don mutuel, était revenu ensuite à la santé, Ricard décidait que le don pouvait se trouver confirmé par son silence (n° 127.). Pothier au contraire pensait que le don mutuel, nul *ab initio*, restait nul malgré ce retour à la santé (n° 151).

2° *Conditions de forme.* — L'ordonnance de 1741 dispensait le don mutuel (art. 46) des formalités prescrites pour les donations entre-vifs, telles que l'acceptation expresse du donataire. Mais le don mutuel était soumis, comme les donations, à la nécessité de la confection d'un acte notarié, et de l'insinuation.

A. Le don mutuel devait être fait devant notaires, et en minute, ainsi que l'exigeait déjà l'ordonnance de Moulins de 1566. (art. 58.) Cette exigence avait pour but d'éviter les antidates, et d'assurer l'irrévocabilité du don mutuel; la forme sous seing privé, ou même la forme en brevet, auraient permis de frauder trop facilement la loi.

Le don mutuel se faisait par un seul et même acte ; cependant Ricard (n°ˢ 135, 136) pensait qu'on aurait pu aussi le faire par deux actes séparés se référant l'un à l'autre; mais Pothier repoussait cette opinion (n° 170). Il exigeait en outre, contrairement à l'opinion de Ricard, que la femme fût autorisée expressément par son mari. (n° 178.)

B. Le don mutuel devait être insinué. Cependant le don mutuel ne pouvait nuire ni aux tiers acquéreurs, ni aux créanciers ; ils n'avaient donc aucun intérêt à le connaître. Mais Pothier signalait (n° 171) comme utilité de cette insinuation, celle de porter le don mutuel à la connaissance des héritiers ; Ricard (n° 71) en donnait cette autre raison, qu'elle empêchait une fraude du mari, qui eût pu faire recevoir l'acte par un notaire inconnu de sa femme, afin que, au cas où elle survivrait, elle n'en pût retrouver la trace.

Quoi qu'il en soit, d'après l'art. 284 de la coutume de Paris, le don mutuel, « pour être valable, doit être « insinué dans les quatre mois du jour du contrat, et « l'insinuation faite par l'un d'eux, vaut pour tous « deux. Après laquelle insinuation le dit don mutuel « n'est révocable, sinon du consentement des deux « conjoints. » De ces derniers mots, Duplessis et Lemaître avaient conclu *a contrario* que, jusqu'à cette insinuation, le don mutuel était révocable au gré d'un seul des époux. Mais cette idée était repoussée par Ricard (n° 72) et Pothier (n° 173). D'abord le mari ne pouvait user d'un droit semblable de révocation, puisque c'était lui qui était chargé de l'insinuation ; et quant à la femme elle-même, elle ne pouvait, comme tout donateur, se prévaloir du défaut d'insinuation, par application du principe formulé plus tard en termes généraux par l'art. 17 de l'ordonnance de 1731.

Même après l'expiration du délai de quatre mois, et tant que vivait la femme, le mari pouvait et devait faire insinuer le don mutuel ; de même, cette insinuation pouvait avoir lieu après le décès de la femme, si le mari se trouvait encore dans le délai de quatre mois. Mais si ce délai était expiré, et que la femme vînt à prédécéder, ses héritiers pouvaient opposer le défaut

d'insinuation au mari, qui perdait ainsi le bénéfice de
la survie.

III. — OUVERTURE, CHARGES ET EXTINCTION DU DON MUTUEL.

1° *Ouverture*. — L'ouverture du don mutuel était
soumise à deux conditions : 1° Le décès de l'un des
époux ; 2° l'absence d'enfants à cette époque.

  A. Le décès de l'un des époux, donnant ouverture à la
donation qu'il avait faite à son conjoint, faisait défaillir
la condition de celle que le survivant lui avait faite.
Le don mutuel s'ouvrait donc par la mort naturelle du
prémourant ; en ce qui concerne la mort civile, la
question avait fait difficulté. Un arrêt solennel du 8
juin 1749 avait décidé que la mort civile ne donnait
pas ouverture au don mutuel. Tel était aussi l'avis de
Ricard (n° 116). Mais cette jurisprudence changea ensuite ; et surtout depuis l'ordonnance de 1747 (sur les
substitutions), on assimila sur ce point la mort civile à
la mort naturelle; par analogie de son art. 24 qui donnait ouverture à la substitution par la mort civile
(Pothier, n° 181.)

  B. « Pourvu qu'il n'y ait enfans, soit des deux con-
« joints, ou de l'un d'eux, lors du décès du premier
« mourant. » (art. 280, *fin*.) Par ce mot enfants, on
entendait tous les descendants, à quelque degré qu'ils
fussent, même posthumes ; la présence d'enfants du

donataire survivant lui-même, issus d'un précédent mariage, faisait évanouir le don mutuel ; de même qu'elle l'eût fait évanouir pour son conjoint, si celui-ci eût survécu: c'était une conséquence de l'égalité exigée pour le don mutuel (Pothier, n° 182).

Les enfants frappés de mort civile, les enfants naturels, les enfants justement exhérédés, (par les deux époux, si c'étaient des enfants communs), ne mettaient pas obstacle à l'ouverture du don mutuel. Pothier (n° 192) décidait autrement, en ce qui concerne les enfants renonçants, parce qu'ils avaient été habiles à succéder.

D'après l'art. 284 de la coutume de Paris, « un don mutuel de soi ne saisit, ains est sujet à délivrance. » Le survivant des époux devait donc demander la délivrance aux héritiers du prédécédé ; il devait en outre fournir caution; « en baillant par lui caution suffisante « de restituer lesdits biens après son trépas, » disait l'art. 280, et il ne gagnait les fruits que de jour où il avait présenté cette caution (art. 285). Les époux n'auraient pas même pu, par une clause expresse, se décharger de cette obligation de fournir caution, (Pothier, n° 205) ; de même qu'ils n'auraient pas pu recourir valablement à la clause de désaisine - saisine, ou de constitut, etc. (Pothier, n° 200).

2° *Charges*. Le donataire mutuel était considéré comme un usufruitier ordinaire, tant en ce qui concerne les immeubles, qu'en ce qui concerne les meubles. Toutefois, pour les meubles, il faut signaler l'art 288.

de la coutume qui accorde à l'héritier du prédécédé qui se plaint de la prisée faite par l'inventaire, le droit de demander «. que nouvelle prisée soit faite,…. pour « être lesdits meubles prisés à la juste estimation, etc.»

Le donataire mutuel supportait seul et sans recours les charges usufructuaires (art. 287), réparations viagères, arrérages des rentes, etc.

Indépendamment de ces charges ordinaires de l'usufruit, le don mutuel était assujetti à certaines charges particulières (art. 286) :

A. Le donataire mutuel, succédant à tout ou partie de la part du prédécédé dans les biens communs (c'est-à-dire à une universalité de biens), devait supporter une part corrélative dans les dettes communes ; mais, comme son droit ne consistait qu'en usufruit, il ne devait supporter que les intérêts de ces dettes. Si donc il en faisait l'avance, il devait lui en être tenu compte à la fin de l'usufruit, sur les biens à restituer (art. 286).

B. Le donataire mutuel, qui en principe ne contribuait qu'aux dettes de la communauté, devait cependant avancer également les frais des obsèques et funérailles du prédécédé (art. 286).

Cet article ajoute qu'il n'est pas tenu de payer les legs et autres dispositions testamentaires ; en effet, l'irrévocabilité du don mutuel s'opposait à ce que le donateur pût le diminuer ainsi à son gré. Toutefois certaines coutumes imposaient au donataire mutuel l'obligation d'exécuter, sur les biens faisant partie du don mutuel, le testament du prédécédé ; mais cela ne s'entendait que des legs modiques (Bourbonnais, art. 230; Châlons, art. 38; Laon, art. 49; Sens, art. 113). Dans la coutume de Bar-le-Duc, ce n'étaient que les legs de choses mobilières (art. 163). Tous les autres legs devaient être acquittés par les héritiers du prédécédé, mais seulement à la cessation de l'usufruit du donataire mutuel, à moins que les circonstances n'eussent indiqué chez le testateur une volonté contraire (Pothier, n° 230).

3° *Extinction.* L'usufruit du donataire mutuel s'éteignait par les modes ordinaires d'extinction de l'usufruit ; d'après la coutume de Paris, et la majorité des coutumes, il n'était pas perdu en cas de convol du donataire survivant, à moins de convention expresse en sens contraire dans l'acte de donation (Pothier, n° 253).

§ II. — Autre avantage mutuel permis par la coutume de Paris.

Le don mutuel, soumis à la condition que les époux n'auraient aucun enfant au décès du prémourant, était une libéralité assez éventuelle ; aussi la coutume de Paris admettait-elle un autre avantage mutuel entre époux ; son art. 281 portait en effet : « Pères et mères « marians leurs enfans peuvent convenir que leurs « dits enfants laisseront jouir le survivant de leurs

« dits père et mère, des meubles et conquêts du prédé -
« cédé, la vie durant du survivant, pourvu qu'ils ne se
« remarient : et n'est réputé tel accord avantage entre
« les dits conjoints. » D'une part, elle encourageait
ainsi les parents à marier et doter leurs enfants; et
d'autre part, elle permettait aux époux d'assurer une
position convenable au survivant d'entre eux, même en
cas d'enfants.

De cette convention entre les époux et l'enfant qu'ils
mariaient, (d'après laquelle, moyennant la dot qu'il
recevait, cet enfant laisserait le survivant jouir de la
part du prédécédé dans les biens communs), résultait
une sorte de don mutuel indirectement établi ; cet
avantage mutuel, comme le don mutuel ordinaire, devait être réciproque et égal, à peine de nullité; il supposait également les époux communs en biens, ne
pouvait porter que sur l'usufruit des biens communs,
était soumis aux mêmes charges, etc.; mais il différait
du don mutuel, en ce que : 1° il supposait la présence
d'enfants communs; 2° ne pouvait être fait que dans le
contrat de mariage de ces enfants, et non pendant tout
le temps du mariage, et 3° se trouvait caduc par le
convol du survivant.

On entendait les expressions « marians leurs enfans »
en ce sens, que les époux devaient constituer conjointement une dot à l'enfant, dans le contrat de
mariage duquel était faite la convention. Pothier
se contentait d'une dot quelque modique qu'elle

fût (n° 269) ; Laurière exigeait une dot *sortable*.

On étendait généralement le bénéfice de l'art. 281 aux aïeuls et aïeules mariant leurs petits-enfants, soit que l'enfant dont ces petits-enfants étaient issus fût prédécédé, soit même que cet enfant fût encore vivant; mais en ce dernier cas, l'enfant devait intervenir au contrat, et faire lui-même la renonciation ; cette renonciation de l'enfant, quoiqu'elle ne fût pas la récompense d'une dot qu'il reçût lui-même, était cependant considérée comme valable ; « car c'est un principe de droit « que ce qui est donné au fils est censé donné au père; « *donatum filio, videtur donatum patri.* » (Pothier, nᵒˢ 273-275).

L'enfant, qui avait été doté avec cette convention, n'était pas recevable à demander le partage des biens communs ; mais, s'il existait d'autres enfants, qui avaient le droit de demander ce partage, et le demandaient effectivement, l'enfant doté n'était-il pas relevé de son obligation? L'affirmative était soutenue par Duplessis et Lemaître, qui s'appuyaient tant sur le principe de l'égalité des parts entre cohéritiers de même rang, que sur les termes mêmes de la coutume : « marians *leurs* enfants. » Mais Laurière et Ferrière admettaient la négative, en observant que, d'une part l'égalité n'était pas violée ; car l'enfant doté avait eu en compensation de sa renonciation la jouissance de la dot qu'il avait reçue ; et que, d'autre part, les termes de la coutume pouvaient très-bien s'entendre *distributive.*

C'est cette dernière opinion que préférait Pothier(n°288.)

Le don mutuel ordinaire n'était pas perdu par le convol du donataire survivant.Au contraire, l'avantage mutuel de l'art. 281 était subordonné à la condition que le survivant ne se remarierait pas. D'après les termes de la coutume «pourvu qu'ils ne se remarient», on pouvait soutenir que le convol du survivant anéantissait cet avantage mutuel, non-seulement pour l'avenir, mais aussi pour le passé. Mais, comme le faisait remarquer Pothier, (n° 278), le terme « pourvu que » s'emploie quelquefois pour exprimer une condition qui n'est que résolutoire pour l'avenir; et il eût été trop dur d'obliger l'époux remarié à rendre tous les fruits et intérêts consommés pendant son veuvage.

La disposition de l'art 281 était particulière à la coutume de Paris (voyez toutefois la disposition identique de l'art. 79 de la coutume de Calais.)— Mais dans les autres coutumes, on arrivait à un résultat analogue par un moyen détourné ; il était fréquent que les père et mère, mariant leur enfant, fissent insérer dans le contrat cette clause que, moyennant la dot qu'ils lui fournissaient, il renonçait à provoquer le partage des biens communs contre le survivant; en ce cas si l'enfant doté provoquait le partage, la condition, sous laquelle le survivant avait contribué à la dot, se trouvant défaillie, l'enfant était obligé d'imputer en entier la dot qu'il avait reçue sur la part du prédécédé.

Le même effet se produisait dans la coutume de Paris,

lorsque la clause portée au contrat de mariage de l'enfant ne pouvait valoir comme avantage mutuel d'après l'art. 281, par ex : à défaut d'une égalité ou d'une réciprocité parfaite, ou parce qu'elle était plus étendue que ne le permettait la coutume.

De même Pothier admettait (n• 285), que si une augmentation de dot était acceptée par l'enfant avec renonciation de sa part au partage des biens communs avec le survivant, cette augmentation de dot était censée subordonnée à la condition qu'il ne provoquerait pas ce partage, de telle sorte que si l'enfant le provoquait, il devait imputer en entier cette augmentation de dot sur la succession du prédécédé.

SECTION III

SECONDES NOCES

Nous avons déjà donné quelques idées générales sur les secondes noces, et leur influence en matière de libéralités entre époux dans le droit des coutumes. Mais un grand nombre de coutumes n'avaient pas de dispositions contre les secondes noces, et, dans leur silence, on n'appliquait pas le droit romain. Aussi, à la suite de scandales occasionnés par des seconds mariages, achetés en quelque sorte au prix du sacrifice des intérêts des enfants du premier lit, fut rendu en Juillet 1560 sous le règne de François II, un édit célèbre, dû au

Chancelier l'Hôpital et connu sous le nom d'édit des secondes noces.

Cet édit avait surtout une grande importance au point de vue des donations entre futurs époux par contrat de mariage : mais les principes du droit romain qu'il reproduit, indépendamment de leur application aux libéralités entre époux dans les pays de droit écrit, durent aussi s'appliquer à ces libéralités dans les coutumes qui ne les prohibaient pas absolument.

Cet Edit, qui approuve et reproduit les « bonnes lois et constitutions sur ce faites » par les Empereurs, contenait deux chefs ou dispositions, que nous allons étudier successivement ; après quoi nous verrons l'extension apportée à cet édit par la coutume de Paris.

§ I. — PREMIER CHEF DE L'ÉDIT.

Le premier chef de l'édit était ainsi conçu : « Or-
« donnons que les femmes veuves, ayant enfant ou
« enfans, ou enfans de leurs enfans, si elles passent à
« nouvelles noces, ne pourront, en quelque façon que
« ce soit, donner de leurs biens meubles, acquêts ou
« acquis par elles, d'ailleurs que de leur premier
« mari, ni moins leurs propres, à leurs nouveaux maris,
« père, mère ou enfans desdits maris, ou autres per-
« sonnes qu'on puisse présumer être par dol ou fraude
« interposées, plus que l'un de leurs enfans ou enfans
« de leurs enfans : et, s'il se trouve division inégale

« de leurs biens, faite entre leurs enfans ou enfans de
« leurs enfans, les donations par elle faites à leurs
« nouveaux maris, seront réduites et mesurées à la
« raison de celui des enfans qui aura le moins. »

C'est donc la reproduction des principes de la loi *Hac
edictali*.

I. — ÉTENDUE DE CE PREMIER CHEF

1° *Personnes*. — Les termes du premier chef de
l'édit ne s'appliquaient qu'aux femmes veuves ayant
enfants de leur premier mariage ; mais la jurisprudence étendit bientôt la disposition aux hommes veufs;
elle s'appuya pour cela sur le préambule de l'édit et
sur l'approbation expresse qu'il donnait aux constitutions romaines ; quant à l'objection que cette disposition, étant pénale, n'était pas susceptible d'extension,
on répondait qu'il fallait voir là bien moins une peine
contre les époux, qu'une faveur pour les enfants d'un
précédent mariage (Pothier. Contrat de mariage,
n° 537.)

Pour éviter toute fraude, l'édit défendait à la veuve
(et tout ce que nous disons de la veuve s'appliquait
également au veuf,) de donner non pas seulement à
son nouveau mari, mais aussi aux « père, mère ou
enfans » de ce mari. Il y avait là une présomption
légale d'interposition. Pothier (*Idid*. n° 539) étendait
cette présomption à toute la ligne ascendante ; à tort,

selon nous ; car, en matière de présomptions légales,
il faut s'en tenir aux termes de la loi. Par le mot
« enfans » on entendait généralement tous les descendants, que le mari avait lui-même d'un précédent mariage. Les enfants communs, ayant par eux-mêmes une
qualité qui leur pouvait faire mériter l'affection de la
mère, n'y étaient pas compris. Toutefois, Denisart pensait que la donation, faite par le contrat de mariage aux
enfants à naître, devait être regardée comme faite en
considération du second mari ; parce que les enfants
à naître n'avaient pas encore pu mériter l'affection de
la donatrice (v°. Noces (secondes) n° 20 et suiv.).

Du reste, en dehors de cette présomption légale d'interposition, on aurait pu reconnaître en fait toute autre
interposition ; mais, en ce cas, c'était aux enfants qui
attaquaient les donations faites à ces « autres personnes » à prouver l'interposition.

2° *Avantages.* — Le premier chef de l'édit s'appliquait à tous les dons et avantages directs ou indirects
que la veuve faisait à son nouveau mari. Au nombre
des avantages directs, on comprenait même les donations
rémunératoires, les donations avec charges (jusqu'à
concurrence de l'excès de la valeur des choses données
sur celle des charges), et même les donations réciproques et d'égale valeur, (et le don mutuel, dans les
rares coutumes où il était permis même en cas d'enfants) (Pothier. *Ibid.*, n° 546).

Il atteignait toutes les donations, soit par contrat de

mariage, soit pendant le mariage, tant entre-vifs que testamentaires, (dans les provinces où elles n'étaient pas prohibées entre époux) ; il atteignait même les donations que la veuve avait faites à son nouveau mari avant leur mariage, en vue de l'union projetée.

Étaient également frappés par l'édit, tous les avantages indirects de la veuve au nouveau mari, notamment ceux résultant des conventions matrimoniales. Ainsi la convention de préciput au profit du survivant y était soumise pour 1/2, si nous supposons qu'il s'agissait d'une veuve remariée (dont les héritiers acceptaient la communauté) ; si nous supposons au contraire qu'il s'agissait d'un veuf remarié, elle y était soumise pour 1/2, si la femme survivante acceptait la communauté, et pour le tout, si elle y renonçait (en supposant le préciput stipulé même en cas de renonciation). De même la supériorité des apports (seulement en ce qui concerne le capital et non les revenus) de l'époux remarié sur ceux de son nouveau conjoint, soit que la communauté fût conventionnelle, soit qu'elle fût légale, la communauté légale n'étant qu'une interprétation faite par la loi de la volonté présumée des parties (Pothier, n° 551). Quant aux successions mobilières qui, échéant pendant le mariage à l'époux remarié, tombaient dans la communauté à défaut d'une réserve expresse dans le contrat de mariage, Pothier (n° 553) n'y voyait pas un avantage soumis à l'édit, à moins que l'autre époux de son côté n'eût réservé propres ses successions à venir ; il s'appuyait pour cela sur l'incertitude des espérances de successions, et sur la réciprocité des risques. Mais il décidait autrement pour les successions immobilières tombant dans la communauté en vertu d'une clause expresse du contrat de mariage (n° 555).

Enfin, le douaire coutumier, et même le douaire conventionnel, pourvu qu'il n'excédât pas le coutumier, n'étaient pas considérés comme avantages soumis à l'édit (Pothier, n° 557. — Ricard. Donations, n° 1220).

II. — SANCTION.

Le premier chef de l'Édit défendait à l'époux remarié de donner à son nouveau conjoint « plus qu'à un de ses « enfans...., et s'il se trouve division inégale de ses « biens....., à celui des enfans qui en aura le moins »; pour qu'il pût s'appliquer, il fallait donc : 1° que l'époux remarié eût eu un ou plusieurs enfants de son précédent mariage ; 2° que l'un de ces enfants au moins lui survécût, (et fût capable de venir à sa succession); et 3° que les dons et avantages faits au nouvel époux excédassent la part qu'avait dans les biens de l'époux remarié, celui de ses enfants, de quelque lit qu'il fût, qui avait la moindre part (qui, du reste, ne pouvait jamais être inférieure à la légitime de cet enfant).

La sanction de la prohibition était la réduction de ces dons et avantages, à cette part d'enfant le moins prenant. S'il y avait, soit des enfants et des petits-en-

fants nés d'enfants prédécédés, soit des petits-enfants
de différentes souches, le partage s'opérant par souches,
le nouvel époux était réduit non pas à la part d'un
petit-enfant, mais à la part d'une souche (la moins
prenante). Dans le cas où il n'y avait, au contraire,
que des petits-enfants d'une même souche, Ricard
(Donat., n° 1272), Lebrun (success., liv. II, ch. VI,
sect. 1, dist. 5, n° 22) et Pothier (Cont. de mar.,
n° 565) pensaient que l'époux n'avait droit qu'à une
part de petit-enfant. Mais Ricard, citait un arrêt du Parlement de Toulouse du 16 mai 1619, en sens contraire.

En cas de convols successifs, pour que la réduction
de l'édit s'appliquât, il suffisait que toutes les donations
faites aux différents conjoints excédassent la part d'enfant le moins prenant. L'édit en effet ne disait pas :
« à chacun de leurs nouveaux maris » mais : « à leurs
nouveaux maris. » Si donc une femme avait donné à
son second mari quelque chose qui équivalût à cette
part, les donations faites aux autres eussent été en-
tièrement nulles. (Ricard, n° 1321. — Pothier, n° 566).

Dans les pays de droit écrit, l'action en réduction
appartenait uniquement aux enfants du premier lit,
conformément à la Novelle XXII, chap. 27, abrogeant
la loi *quoniam*, et revenant au système de la loi *hac
edictali* (Arrêt solennel du 14 juillet 1660, relaté dans
Henrys, et approuvé par Bretonnier son annotateur).
Au contraire, dans les pays de coutume, on accordait
l'action en réduction aux enfants du second lit, comme

à ceux du premier (Ricard, n° 1288. — Lebrun, *Ibid.* dist. 3, n°ˢ 11-16. — Pothier, n° 567).

Les mêmes auteurs (Ricard, n° 1301 ; Lebrun, *Ibid.*, n° 2 ; Pothier, n° 528) décidaient que pour exercer l'action en réduction, il n'était pas nécessaire que les enfants fussent héritiers de leur parent remarié ; « ce « n'est pas de la loi des successions mais seulement de « l'édit des secondes noces, qu'ils tiennent ce retran- « chement. » Cependant ils n'admettaient à profiter du retranchement ni l'enfant valablement exhérédé, ni la fille dotée et renonçant par contrat de mariage (Ricard, n° 1305 ; Pothier, n°ˢ 569-570).

Cette action en réduction était une action person- nelle-réelle, qui pouvait être intentée tant contre le conjoint donataire, que contre les tiers détenteurs (Pothier, n°ˢ 572 et suiv.). L'action réelle ne pouvait avoir lieu que pour les donations d'immeubles ; pour les meubles, les enfants n'avaient qu'un droit de créance contre le nouvel époux « avec hypothèque sur « ses biens du jour de la donation,.... et privilége sur « ceux (des biens donnés) qui sont restés en nature au « second mari. » (Pothier, n° 589).

Pour savoir s'il y avait lieu au retranchement, et dans quelles limites, il fallait, d'une part, liquider la succession de la mère et fixer la part de l'enfant le moins prenant, et d'autre part, évaluer les biens com- pris dans la donation ; pour les immeubles, cette esti- mation se faisait d'après la valeur des biens au jour du décès (sauf à tenir compte des améliorations ou des détériorations faites par le donataire ou ses ayant-cause) ; pour les meubles, elle se faisait d'après leur valeur lors de la donation.

La portion de biens retranchée était partagée entre tous les enfants même renonçants, et « dans l'ordre des « successions » (Pothier, n° 590). Quant à la question de savoir si le mari devait être admis à prendre sa part dans cette portion retranchée, elle divisait nos anciens auteurs. Renusson (Communauté , part. IV ch. 3, n° 67) et Lebrun (Successions, liv. II, ch. VI, sect. I, dist. 3, n°ˢ 19-21) la résolvaient affirmativement, par cette raison que, sans cela, l'époux n'aurait pas la part d'enfant le moins prenant que lui accordait l'édit ; (la Glose sur la Loi *Hac Edictali* était dans le même sens). Ricard (n° 1319) et Pothier (n° 594), au contraire, soutenaient la négative en s'appuyant sur les mots de la Loi *Hac Edictali* et de la Novelle XXII : *Inter eos solos ex æquo dividitur.* « On peut même dire, ajoutait Po-« thier, qu'en ce cas l'enfant le moins prenant n'a de sa « mère rien de plus que le second mari ; car ce qu'il a « dans les biens retranchés de la donation, il ne le tient « que de la loi. »

Il arrivait souvent que l'époux qui se remariait, donnait dans son contrat de mariage à son nouveau conjoint une part d'enfant. Cette donation d'une part d'enfant avait beaucoup de rapports avec une institution contractuelle ; ainsi elle était caduque par le prédécès du donataire, etc. Quel était l'effet de cette donation, lorsqu'il ne restait aucun enfant, ni du premier, ni du second lit ? Lebrun (Succ., l. II, ch. VI, sect. 1, dist. 2, n° 14) était d'avis que la donation devait alors comprendre tous les biens du donateur. Mais Ricard (n° 1281) et Pothier (n° 598) n'accordaient au second époux que la moitié des biens, en s'appuyant sur cette considération, que l'époux, en ne donnant à son conjoint qu'une part d'enfant, avait supposé qu'il y aurait au moins un enfant, et que dans sa pensée la donation n'avait donc pu être que de la moitié au plus.

Une dernière question importante sur ce chef de l'édit, était de savoir si le second époux donataire, (le second mari par exemple) pouvait, afin de régler ce qui avait pu lui être donné, obliger les enfants de son conjoint à rapporter à la succession de ce conjoint ce qu'il en avait reçu. Pour la négative, on pouvait dire que, le rapport n'étant établi qu'en faveur des cohéritiers, le second mari donataire n'y pouvait rien prétendre.

Cependant Lebrun (Successions, liv. III, ch. VI, sect. 2, n° 66) se prononçait en faveur du second mari : « Lorsque l'on dit que le rapport n'est établi qu'en fa- « veur des enfans,…. cela ne fait pas que les enfans « qui réduisent le second mari à la part du moins pre- « nant d'entre eux, puissent encore s'exempter de faire « à son égard un partage régulier, dans lequel chacun

« rapporte ce qui lui a été donné. » Pothier supposant le second mari donataire de part d'enfant, l'admettait aussi à exiger le rapport des donations faites aux enfants postérieurement à la sienne et à « y prendre part.

« La raison est que cette donation faite au second mari
« étant une donation irrévocable, il ne doit pas être au
« pouvoir de la femme de la détruire, d'y donner at-
« teinte, d'en anéantir ou même d'en diminuer les ef-
« fets par des donations qu'elle ferait depuis à ses
« enfants. » (Traité du mariage, n° 603 ; Comp. Intr.
« au T. xvii de la C. d'Orléans, n° 88.)

Enfin Denisart (V° Rapport, n° 71) admettait bien le second mari à exiger le rapport, mais seulement fictivement. « Le mari étant donataire d'une part incertaine,
« cette part ne peut être fixée qu'en faisant fictivement
« un rapport qui mette à portée de calculer ce que le
« mari peut demander; autrement, il serait à la liberté
« de la femme et des enfans de réduire à rien le droit
« du mari par des conventions frauduleuses ; cela ne
« combat point le principe sur lequel les seuls héritiers
« peuvent exiger le rapport, puisque dès que la part
« du mari sera fixée, les enfans donataires ne pour-
« ront être forcés à faire un rapport réel et effectif,
« qu'en cas que ce rapport soit demandé par un enfant
« héritier. »

§ II. — SECOND CHEF DE L'ÉDIT.

« Et au regard des biens à icelles veuves acquis par
« dons et libéralités de leurs défunts maris, icelles n'en
« peuvent et n'en pourront faire part à leur nouveau
« mari ; ains elles seront tenues les réserver aux en-
« fans communs d'entre elles et leurs maris, de la li-
« béralité desquels iceux biens leur seront advenus ; le
« semblable voulons être gardé ès biens qui sont ve-
« nus aux maris par dons et libéralités de leurs dé-
« funtes femmes, tellement qu'ils n'en pourront faire
« don à leur seconde femme ; mais seront tenus les
« réserver aux enfans qu'ils auront eus de leur pre-
« mière. »

I. — ÉTENDUE DE CE SECOND CHEF.

Ce second chef puisé dans les dispositions des Constitutions *Fœminæ* et *Generaliter* s'appliquait sans difficulté, et d'après ses termes mêmes, au veuf comme à la
veuve, remariés, ayant enfants de leur premier mariage.

Il s'appliquait non-seulement à ce que l'époux remarié avait acquis de son premier conjoint à titre de donation formelle mais à tout ce qu'il avait acquis de lui à
titre gratuit, directement ou indirectement. Ainsi on
l'appliquait, comme le premier chef, aux avantages

résultant d'un préciput, de la supériorité des apports de l'époux prédécédé sur ceux de son conjoint remarié, etc. Pothier (n° 606), après Ricard (n° 1343), l'appliquait également aux biens que la femme avait eus de son premier mari, à titre de douaire conventionnel en propriété.

A la différence des lois romaines, l'édit ne parlait que des biens que l'époux remarié avait acquis à titre gratuit de son premier conjoint, et non de ceux qu'il avait pu recueillir dans la succession de quelques-uns de ses enfants issus de ce premier mariage ; les dispositions des lois romaines sur ce point n'avaient pas été admises dans les pays de coutumes (Ricard n° 1363. — Pothier, n° 609.) Quant aux pays de droit écrit, ils observaient la Novelle XXII chap. 46.

<h3 style="text-align:center">II. — SUBSTITUTION LÉGALE RÉSULTANT DE CE SECOND CHEF.</h3>

Le second chef de l'édit ne défendait pas seulement à l'époux remarié de disposer de ses biens au profit de son nouveau conjoint ; il lui ordonnait en outre de les réserver aux enfants de son premier mariage ; à la différence du droit romain, qui accordait immédiatement la propriété aux enfants, en ne laissant que l'usufruit à l'époux remarié, on laissait dans notre ancien droit la propriété à cet époux, mais on le chargeait d'une substitution au profit de ses enfants. Cette charge était fondée sur cette présomption que, si le premier époux eût prévu que son conjoint se remarierait, il l'eût apposée à sa donation ; cependant on décidait que la remise expresse, par contrat de mariage, des peines de l'édit des secondes noces n'avait aucun effet (Pothier n° 613.) ; il en était autrement dans les pays de droit écrit où l'on appliquait la Novelle XXII ch. 2 ; mais un arrêt de règlement du Parlement de Paris du 19 août 1716 cassant une sentence de la sénéchaussée de Lyon (pays de droit écrit) décida que cette clause devait être considérée comme nulle.

Par cette substitution légale, les enfants du premier lit étaient censés tenir les biens directement du conjoint prédécédé grevant, et non de l'époux remarié grevé. D'où Pothier tirait les conséquences suivantes (n° 614 à 620) : 1° les biens immeubles ainsi recueillis étaient propres paternels ou maternels, suivant que le grevant était le père ou la mère ; 2° ces biens ne devaient pas s'imputer sur la légitime des enfants dans les biens du grevé; 3° lorsque la substitution s'ouvrait par la mort du grevé, les aliénations et droits réels qu'il avait consentis, s'évanouissaient; les enfants pouvaient donc revendiquer les immeubles compris dans la substitution contre les tiers détenteurs, (à moins qu'ils ne fussent tenus à la garantie envers eux comme héritiers du grevé) ; 4° quand il s'agissait de biens meubles, ou de sommes d'argent, les enfants avaient pour la restitution d'une somme égale (aux sommes reçues, ou à la valeur des effets mobiliers) hypothèque sur les biens du grevé du jour de l'acte renfermant la donation ou

l'avantage ; 5° la substitution étant faite indistinctement au profit de tous les enfants du premier lit, le
grevé ne pouvait avantager l'un d'eux sur les biens
substitués, à la différence de ce que permettait en droit
romain la constitution *Fæminæ* ; 6° les enfants du
second lit ne pouvaient prétendre aucun droit à ces
biens (même à titre de légitime), et ils n'auraient pas
même pu prétendre exclure par réciprocité les enfants
du premier lit, sur les biens parvenus à leur auteur
commun des dons et avantages de son second conjoint
(à moins bien entendu que cet auteur commun n'eût
contracté un troisième mariage).

Sous le nom d'enfants, on comprenait aussi les petits-
enfants issus d'enfants prédécédés ; ces petits-enfants
prenaient dans les biens substitués la part qu'aurait
eue leur père ou leur mère.

Ricard (n° 1308) et Pothier (n° 623), fidèles à leur
système, n'exigeaient pas que les enfants fussent héritiers, ni du grevé, ni même du grevant, pour parti-
ciper à la substitution ; mais ils écartaient encore de
cette participation les enfants justement exhérédés par
le grevant, ou même par le grevé, et les filles dotées
et comme telles exclues par la coutume ou renonçant
par contrat de mariage (à la succession du grevant).

Cette substitution s'éteignait lorsque tous les enfants
du premier lit décédaient avant l'époux remarié grevé; les biens redevenaient alors libres entre ses mains,
et les aliénations qu'il avaient consenties étaient confir-

mées. Duplessis et Lemaître admettaient que la substitution se trouvait aussi éteinte, lorsque le second mariage venait à être dissous par la mort du second époux,
sans qu'il y eût d'enfant de ce second mariage. Mais
Pothier (n° 627) repoussait cette opinon.

§ III. — Extension apportée par la coutume
de Paris.

L'art. 279 de la coutume de Paris, relatif aux secondes
noces, dans ses premiers mots, ne faisait que reproduire
le principe du premier chef de l'Édit : « Femme con-
« volant en secondes ou autres noces, ayant enfans,
« ne peut avantager son second mari de ses propres et
« acquêts plus que l'un de ses enfánts. »

Mais, dans sa seconde partie, il apportait une extension notable au second chef : « et quant aux conquêts
« faits avec ses précédents maris, n'en peut disposer
« aucunement au préjudice des portions dont les
« enfans desdits maris pourraient amender de leur
« mère, etc. » En effet, la part que la femme avait eue
dans les biens de la communauté qui avait existé entre
elle et son premier mari, ne pouvait être considérée
comme un avantage que lui eût fait son premier mari ;
aussi ne tombait-elle pas sous l'application du second
chef de l'Édit ; mais la coutume de Paris, dans sa rédaction de 1580, jugea à propos de ne pas laisser à la
femme remariée, par rapport à ces biens, la même li-

herté de disposition que par rapport à tous autres.
La rédaction de la partie de l'art. 279, écrite dans ce
but, laissait beaucoup à désirer ; pour en bien saisir
la portée, il faut en rapprocher la partie correspondante
de l'art. 203 de la coutume d'Orléans rédigée trois ans
plus tard, dans lequel les rédacteurs (qui étaient les
mêmes que ceux de la coutume de Paris) s'exprimèrent
plus clairement : « Et quant aux conquêts faits avec
« ses précédents maris, elle n'en peut aucunement
« avantager son second ou autres maris ; toutefois
« peut disposer d'iceux à autres personnes, sans que
« telle disposition puisse préjudicier aux portions dont
« les enfants desdits premiers mariages pourraient
« amender de leur mère. »

Ces articles n'établissaient pas une substitution légale de ces conquêts faits pendant le premier mariage,
au profit des enfants issus de ce mariage ; car ils appelaient expressément les enfants des subséquents mariages à concourir avec ceux du mariage pendant lequel
les conquêts avaient été faits : « Et néanmoins (art. 279
« suite) succèdent les enfans des subséquens ma-
« riages auxdits conquêts avec les enfans des ma-
« riages précédens, également, venant à la succession
« de leur mère ; comme aussi les enfans des précédens
« lits succèdent pour leurs parts et portions aux con-
« quêts faits pendant et constant les subséquens ma-
« riages. » Mais ils défendaient à la femme remariée :
1° De disposer *aucunement*, au profit de son second

ou subséquent mari, des conquêts faits avec son ou ses précédents maris ; 2º d'en disposer, au profit de toutes autres personnes, au préjudice de la part que les enfants du mariage, pendant lequel ces conquêts avaient été faits, devaient recueillir dans sa succession.

I. — ÉTENDUE DE CETTE PROHIBITION.

1º Quant aux personnes, on avait longtemps agité la question de savoir si l'art. 279 de la coutume de Paris devait être appliqué au veuf ayant enfants, qui se remarie. Pour la négative, on pouvait dire que c'était là une disposition exorbitante du droit commun, et par conséquent non susceptible d'extension; que les raisons sur lesquelles elle était fondée ne s'appliquaient pas au veuf comme à la veuve ; cette disposition, en effet, paraissait bien fondée sur cette idée que, si la femme ne tenait pas de la libéralité de son premier mari les biens qui formaient sa part de la première communauté, du moins elle les devait en grande partie au travail et à l'industrie de ce premier mari. Mais pour l'affirmative on faisait observer que, la première partie de l'art. 279 s'appliquant sans contredit au veuf comme à la veuve, la deuxième partie de cet art. devrait être également applicable à tous deux. On répondait en outre que la disposition de l'art. 279, quoique exorbitante, n'en était pas moins très-favorable, et que si le mari contribuait à la prospérité de la communauté par son

travail, la femme y contribuait par ses soins. — Aussi,
depuis un arrêt du 4 mars 1697 rendu sur les conclu-
sions de d'Aguesseau, alors avocat général, l'application de l'art. 297 à l'homme remarié ne souffrit plus
de difficulté (V. D'Aguesseau. Discours, T. IV, 41ᵉ plaid.)
(Pothier n° 648).

2° Quant aux biens, la prohibition devait-elle s'appliquer à tous les conquêts meubles et immeubles, ou
seulement aux conquêts immeubles ? Dans ce dernier
sens, on invoquait encore cette idée qu'une disposition
pénale doit être entendue dans un sens restrictif, et on
ajoutait que le terme de conquêts s'emploie plutôt pour
les immeubles que pour les meubles. Mais l'opinion
contraire finit aussi par prévaloir depuis l'arrêt de
1697. D'Aguesseau démontra parfaitement que la disposition de l'art. 279 n'était pas une disposition pénale,
mais une loi fondée uniquement sur la faveur des en_
fants ; il prouva que le mot conquêts devait s'entendre
tant des meubles que des immeubles, en s'appuyant sur
la comparaison de la deuxième partie de l'art. 279 avec
la première, et sur les autres articles de la Coutume,
qui, employant douze fois les termes « conquêts immeubles » pour exprimer les immeubles de la communauté, montre bien que le mot « conquêts » seul comprend même les meubles, etc.

Fallait-il comprendre dans ces conquêts, les biens
que la femme elle-même avait apportés à sa première
communauté ? La jurisprudence finit par admettre gé-

néralement l'affirmative, en se fondant sur cette observation que les époux, qui établissent entre eux en se mariant une communauté de biens et travaillent ensuite à l'augmenter, se proposent de transmettre les biens de cette communauté aux enfants de leur mariage, etc. Cependant Pothier (n° 633) signalait une distinction qui tendait à s'établir entre les apports mobiliers proprement dits, et les immeubles ameublis.

II. — Effets de cette prohibition.

1° *Prohibition de disposer en faveur dn nouveau conjoint.*

A l'égard de son nouveau conjoint, l'époux remarié ne pouvait disposer « aucunement » des conquêts de sa première communauté ; la donation qu'il lui aurait faite, était nulle pour le tout. Si, à son décès, il ne restait aucun enfant de son premier mariage, aucune action révocatoire ne pouvait être exercée ; mais s'il restait un ou plusieurs enfants du premier mariage, les enfants, tant du premier que du second lit, pouvaient attaquer la donation au moyen des actions révocatoires que nous avons signalées plus haut.

Pothier admettait même encore (n° 638) au partage de ces conquêts du premier mariage les enfants renonçants ; il suffisait qu'ils eussent pu venir à la succession de leur auteur remarié.

2° *Prohibition de disposer en faveur d'autres personnes.*

L'époux remarié ne pouvait, depuis son convol, disposer des conquêts de sa première communauté au profit « d'autres personnes », au préjudice de la part que les enfants du premier mariage devaient avoir dans ces conquêts. Ainsi supposons au décès de l'époux remarié trois enfants, un du premier mariage, deux du second, la disposition, qu'il aurait faite d'un conquêt de sa première communauté était infirmée pour 1/3.

Par le mot disposition on avait entendu d'abord toutes aliénations, hypothèque, etc. Mais la jurisprudence restreignit ensuite la prohibition aux dispositions à titre gratuit (Pothier, n° 642-643).

Les enfants du premier lit avaient seuls, en ce cas, l'action en retranchement ; ils ne pouvaient du reste attaquer les dispositions faites de ces conquêts par l'époux remarié qu'après son décès. Mais Pothier (n° 645) contrairement à l'opinion de Bourjon (Dr. com. de la France, l. iv, t. 6, sect. 4), les admettait encore à attaquer ces dispositions, lors même qu'ils n'étaient pas héritiers de l'époux remarié.

Cette interdiction de disposer des conquêts de la première communauté, prononcée par l'art. 279 contre le conjoint remarié, cessait dans deux cas : 1° la dissolution du second mariage ; 2° le prédécès sans postérité de tous les enfants du premier lit. « Toutefois, (art. 279 « fin) si le dit mariage est dissolu, ou que les enfans

« du précédent mariage décèdent, elle en peut disposer
« comme de sa chose. »

Cet art. 279 de la coutume de Paris, et l'art. 203 de
la coutume d'Orléans, constituaient un droit purement
local, qui ne devait pas être appliqué dans les coutumes
ne contenant pas de disposition semblable (Comp.
Coutume de Calais, art. 71). Ils rentraient dans la classe
des statuts réels, et ne s'appliquaient par conséquent :
1º Quant aux biens ayant une situation fixe, qu'à ceux
situés dans le territoire de ces coutumes; 2º Quant aux
biens qui n'ont pas de situation, à ceux dont les propriétaires étaient domiciliés sur ce territoire.

§ IV. — ORDONNANCE DE BLOIS DE 1579.

L'art. 182 de l'ordonnance de Blois avait en outre
établi une peine particulière contre les veuves qui,
« ayant enfans d'autres mariages, se remarient folle-
« ment à personnes indignes de leur qualité, et qui pis
« est, les aucunes à leurs valets. » Cet art. prononçait
non-seulement la nullité de « tous dons et avantages...,
« faits par les dites veuves à telles personnes, sous
« couleur de donation, vendition, association à leur
« communauté ou autre quelconque ; » mais encore
mettait ces « femmes, lors de la convention de tels
« mariages,.. en l'interdiction de leurs biens, leur
« défendant de les vendre ou autrement aliéner en
« quelque sorte que ce soit, etc. »

« Une femme se montrant en contractant un tel
« mariage, être dépourvue de sens, elle mérite d'être
« interdite de la disposition de ses biens » nous dit
Pothier (n° 655) après Coquille.

Cette disposition exorbitante n'était pas étendue aux
hommes (Pothier, n° 658).

CHAPITRE QUATRIÈME

Droit Intermédiaire.

Le droit civil de la France fut, en notre matière,
comme en tout ce qui concerne la transmission et la
disposition des biens, profondément modifié par les
lois qui suivirent la Révolution de 1789.

La loi du 5 brumaire an ii et la loi du 5 nivose an ii
(développement et complément de la première), qui
restreignaient dans des limites très-étroites la faculté
de disposer de ses biens,[le dixième, si l'on n'avait des
héritiers en ligne directe, ou le sixième, si l'on avait
que des héritiers collatéraux. (art. 16.L. de Nivose)], en
prohibant même tout avantage au profit des successibles,
et qui, par une injuste rétroactivité, faisaient remonter
l'effet de leurs dispositions jusqu'au 14 juillet 1789, furent
au contraire très-favorables aux libéralités entre époux,
et les permirent dans une large mesure. En effet, l'art.

13 de la oi du 17 nivose (développant l'art. 2 de la loi
du 5 brumaire), après avoir écarté en ce qui les concerne
la nullité réotroactive de l'art. 1er, ne les restreignait que
dans le cas où l'époux donateur laissait des enfants ou
descendants : « Les avantages singuliers ou réciproques
« stipulés entre les époux encore existants, soit par leur
« contrat de mariage, soit par des actes postérieurs,
« auront leur plein et entier effet, nonobstant les dispo-
« sitions de l'art. 1er, auquel il est fait exception sur ce
« point. — Néanmoins, s'il y a des enfants de leur
« union ou d'un précédent mariage, ces avantages au
« cas qu'ils consistent en simple jouissance, ne pourront
« s'élever au-delà de la moitié du revenu des biens
« délaissés par l'époux décédé, et s'ils consistent en des
« dispositions de propriété, ils seront restreints à l'usu-
« fruit des choses qui en seront l'objet, sans qu'ils
« puissent excéder la moitié du revenu de la totalité
« des biens. » L'art. 14 ajoutait : « ... .A l'égard de tous
« autres avantages échus ou recueillis postérieurement
« (au 14 juillet 1789), ou qui pourront avoir lieu à
« l'avenir, soit qu'ils résultent des dispositions matri-
« moniales, soit qu'ils proviennent d'institutions, dons
« entre-vifs, ou legs faits par un mari à sa femme, ou
« par une femme à son mari, ils obtiendront également
« leur effet, sauf néanmoins leur conversion ou réduc-
« tion en usufruit de moitié, dans le cas où il y aurait
« des enfants, conformément à l'art. 13 ci-dessu . »

D'après ces articles, l'époux pouvait donc disposer au

profit de son conjoint : 1º dans le cas où il laissait des descendants, de l'usufruit de la moitié de ses biens, et 2º dans le cas où il ne laissait pas d'enfants, de la totalité de ses biensen pleine propriété. Du reste, sous l'empire de ces lois, les donationsentre-vifs étaient aussi irrévocables entreépoux qu'entre toutes autres personnes.

La loi du 18 pluviose an v, qui dans son art. 1er abolissait l'effet rétroactif des lois de brumaire et nivose an ii (abolition déjà prononcée par les lois du 5 floréal an iii et 3 vendémiaire an iv), décidait dans son art. 6 que : « les avantages entre époux, maintenus par les « art. 13 et 14 de la loi du 17 nivose sur l'université « des biens de l'auteur de la disposition, ne s'imputent « point sur le *sixième* ou le *dixième* déclaré disponible entre toutes personnes par l'art. 16 de la même « loi, et n'entrent point en concurrence avec les autres « légataires dans la distribution au marc la livre, ordonnée par l'article précédent. »

Quant à la loi du 4 germinal an viii qui étendit la quotité disponible ordinaire, [le 1/4 des biens, s'il y avait trois enfants ou moins, et une part d'enfant, s'il y.en avait plus de trois ; la 1/2 en présence d'ascendants; de frères ou sœurs ou descendants d'eux ; les 3/4 en présence d'oncles, grands oncles, tantes, grandes tantes, cousins germains, cousines germaines ou enfants d'eux ; la totalité à défaut de parents dans ces degrés], elle n'apporta aucune modification à la matière des « dispositions entre époux. » (art. 6.)

En ce qui concerne les secondes noces, le premier chef de l'édit était sans aucun doute abrogé par l'art. 13 de la loi de nivose : deuxième alinéa, « néanmoins, s'il y a des enfants de leur union, *ou d'un précédent mariage*, etc. » Quant au second chef, malgré l'avis de Chabot (questions transitoires; V° Noces (secondes), et un arrêt de la Cour de cassation (2 mai 1808), il se trouvait également abrogé par la loi de nivose dont l'art. 61, deuxième alinéa, portait : « toutes lois, cou-« tumes, usages et statuts relatifs à la transmission des « biens par succession ou donation, sont également abolis...»

TROISIÈME PARTIE

DROIT FRANÇAIS MODERNE

C'est en présence de ces précédents, que le Code
Napoléon eut à s'occuper de la question des libéralités
entre époux ; sur ce point, comme sur tant d'autres, le
législateur de 1804 a adopté un système de transaction:
Il laisse aux époux le droit de s'avantager pendant le
mariage, mais en garantissant ce droit contre la captation, l'entraînement ou l'ingratitude par la *révocabilité*. Quant aux limites dans lesquelles ces avantages
peuvent intervenir, il se montre également favorable
aux époux, en étendant, au moins en général, à leur
profit, le disponible du droit commun. Mais il restreint
au contraire ces limites d'une façon notable, en cas de
second ou subséquent mariage, dans l'intérêt des enfants d'un lit précédent. Nous diviserons donc cette
troisième partie en trois chapitres. 1° Différentes espèces de libéralités entre époux ; 2° Quotité disponible
entre époux; 3° Seconds mariages.

CHAPITRE PREMIER

Différentes espèces de libéralités entre époux.

SECTION I

LIBÉRALITÉS TESTAMENTAIRES.

Le testament étant toujours révocable (art. 895) au gré du disposant (art. 895), a conservé entre époux les mêmes caractères qu'il a entre toutes personnes.

Aussi l'application des principes généraux aux dispositions testamentaires entre époux, présente-t elle peu de difficultés. Elles sont soumises en principe à toutes l s règles ordinaires, sauf à leur faire l'application de la quotité disponible spéciale, que la loi a établie pour les dispositions entre époux.

D'abord, en ce qui concerne la *forme*, il faut leur appliquer les règles générales du testament (olographe, mystique, notarié). Ainsi l'art. 1097 qui défend aux époux de « se faire..... aucune donation mutuelle et « réciproque par un seul et même acte », n'est, en tant qu'il se réfère aux dispositions « par testament », que l'application de la règle générale de l'article 968.

De même, en ce qui concerne la *capacité* soit de disposer, soit de recevoir, et l'époque à laquelle cette capacité doit exister chez le disposant et chez le légataire. Par ex: il faut appliquer aux dispositions entre époux, la règle que le mineur, jusqu'à l'âge de seize ans ne peut aucunement disposer, même par testament (art. 903), tandis qu'il peut disposer par testament, lorsqu'il est parvenu à seize ans, de la moitié de ce dont il pourrait disposer s'il était majeur (art. 904.) — Toutefois, en ce qui concerne la capacité de recevoir, une question assez intéressante a été posée : c'est de savoir si, par application de l'art. 909, le mari qui, en qualité de médecin, chirurgien, etc, a traité sa femme « pen« dant la maladie dont elle meurt, ne (peut) profiter « des dispositions.... testamentaires qu'elle aurait « faites en (sa) faveur pendant le cours de sa maladie.» Quoique l'art. 909, dans les exceptions qu'il apporte à la règle posée par lui, ne parle pas du mari, la jurisprudence a décidé que cet article 909 ne lui était pas applicable ; (Cassation, 30 aout 1808. — Cass. 11 janvier 1820). En effet, « l'art. 1094 laisse aux époux la « faculté de se donner et de recevoir, sans excepter « les époux médecins. Suivant l'art. 212, les époux se « doivent mutuellement secours et assistance. C'en « est assez pour établir que la prohibition géné« rale de l'art. 909 ne regarde point les époux mé-

« decins. » (Toullier, Droit civil français. T. V, n· 66.)

De même encore, application pure et simple des principes généraux, en ce qui concerne les effets des dispositions testamentaires (soit universelles, soit à titre universel, soit à titre particulier), leur caducité par le prédécès du légataire, leur révocation par le testateur, les formes et modes de cette révocation (expresse ou tacite) etc.

SECTION II.

DONATIONS ENTRE-VIFS.

Cette application des principes généraux aux dispositions entre époux, si simple en ce qui concerne le testament, a au contraire soulevé de nombreuses difficultés en ce qui concerne la donation entre-vifs. C'est qu'en effet, la donation entre-vifs étant en principe irrévocable dans notre droit (art. 894.), une exception à cette irrévocabilité a été faite par l'art. 1096, 1er al. pour les donations entre époux : « Toutes donations, « faites entre époux pendant le mariage, quoique qua- « lifiées entre-vifs, seront toujours révocables ; » et c'est ce caractère tout spécial de la donation entre époux, qui a donné lieu aux questions fréquemment agitées en cette matière.

Quoique le Code n'accorde pas expressément aux époux pendant le mariage, comme il le fait aux futurs

époux par contrat de mariage, le droit de « se faire
telle donation qu'ils jugeront à propos » (art. 1091);
il est cependant certain qu'ils ont la même latitude à
cet égard.En effet l'art. 947 excepte «les donations dont
est mention aux chapitres VIII et IX », de l'application
desart. 943 à 946, qui, pour sanctionner et assurer l'irrévocabilité des donations, prohibent toutes celles qui
sont contraires à la règle coutumière : « Donner et re-
« tenir ne vaut. » Or les donations entre époux sont
du nombre de celles qu'excepte l'art. 947.Elles peuvent
donc, non-seulement comprendre les biens présents de
l'époux donateur, mais encore porter sur ses biens à
venir, c'est-à-dire sur les biens qu'il laissera au jour
de son décès, ou bien être faites cumulativement de
ses biens présents et à venir, ou bien encore être faites
sous des conditions dont l'exécution dépendrait de sa
volonté, etc. (Comp. les art. 943 à 946, et 1083 à
1086).

1. — NATURE DE LA DONATION ENTRE ÉPOUX.

De la révocabilité des donations entre époux, les
premiers commentateurs du Code avaient conclu
qu'elles devaient être considérées comme des donations à cause de mort, ou même comme des dispositions testamentaires. Duranton au contraire (t. IX, n°
778), fait une distinction entre les donations « de biens
« présents, et celles des biens que l'époux donateur

« laissera au jour de son décès ; pour ces dernières,
« nous n'y pouvons, dit-il, voir rien autre chose en
« général que des dispositions testamentaires, quoi-
« qu'elles soient faites par un acte entre-vifs, etc. »
D'après Troplong enfin, (Don. et Test., t. IV, n° 2640)
« la donation entre époux n'est ni une donation en-
« tre-vifs proprement dite, ni une libéralité à cause
« de mort dans la pureté des principes, mais..... un
« mélange des deux, etc. »

Malgré toutes ces autorités, il faut cependant reconnaître que les donations entre époux sont, dans
notre droit moderne, de véritables donations entre-
vifs. Il résulte en effet de l'art. 1097, d'une manière
indirecte, mais évidente, que les époux, pendant le
mariage, ont le droit de se faire donation non-seulement « par testament » mais aussi « par acte entre-
vifs. » Or cette donation par acte entre-vifs ne peut
être autre chose qu'une donation entre-vifs, si l'on
rapproche cet art. 1097 de l'art. 893, d'après lequel on
ne peut « disposer de ses biens, à titre gratuit, que
par donation entre-vifs ou par testament. » On ne
peut du reste invoquer en sens contraire ces expressions « quoique qualifiées entre-vifs » de l'art. 1096,
1er al. que nous avons déjà rapporté. Car le but du
rédacteur dans cet alinéa a été, non pas d'exprimer
que la donation entre époux est une libéralité à cause
de mort, quand bien même les parties la qualifient de
disposition entre-vifs, mais bien plutôt d'assurer la

révocabilité de cette donation, et cela malgré toute
stipulation contraire, et malgré cette qualification de
donation entre-vifs, que non-seulement les parties peuvent lui donner, mais que la loi elle-même lui donne
implicitement. D'ailleurs, le même art. 1096, 3ᵉ al.,
en décidant que les donations entre époux « ne seront
point révoquées pour cause de survenance d'enfans »,
suppose bien également que ce sont des donations
entre-vifs ; car c'est à ces donations seules, que s'applique cette cause de révocation.

L'opinion contraire se fonde surtout sur cette idée,
que l'irrévocabilité est de l'essence de la donation, et
qu'une donation révocable n'est pas une véritable
donation. Mais il faut observer que cette irrévocabilité,
que notre Code a admise en matière de donation, n'est
pas de l'essence des conventions. Sans doute toute
convention est irrévocable, en ce sens que l'une des
parties ne peut la rompre par sa seule volonté, et
toute obligation est nulle, lorsqu'elle est contractée
sous une condition qui la fait dépendre de la seule
volonté de celui qui s'oblige (art. 1174) ; mais les parties peuvent valablement subordonner leur convention
à une condition résolutoire dépendant de la volonté de
l'une d'elles. Notre Code, il est vrai, a écarté cette
révocabilité en matière de donation ; ses art. 943 et
suiv. reproduisent en effet les conséquences de la règle
coutumière : « donner et retenir ne vaut. » Mais ces
dispositions constituent une exception, qui ne tient pas

à l'essence de la donation entre-vifs ; la maxime, qui écarte cette révocabilité, a été établie par les coutumes dans l'intérêt de la conservation des biens dans les familles ; et en théorie, on conçoit parfaitement l'application de cette révocabilité à la donation comme à toute autre convention. Par conséquent le Code, en l'admettant pour la donation entre époux, n'a pas enlevé à cette convention son caractère de donation entre-vifs.

Et il en est ainsi, lors même qu'elle a pour objet des biens à venir ; sans doute, dans ce cas, le droit de l'époux donataire est éventuel ; mais c'est toujours un droit résultant d'un contrat, un droit immédiatement parfait.

Notre Code s'est donc complétement écarté sur ce point des traditions romaines ; d'après le droit romain, modifié par le sénatusconsulte de Caracalla, la donation entre époux, imparfaite à son origine, devrait être confirmée par le décès du donateur persévérant dans la volonté de donner ; dans notre droit, au contraire, la donation entre époux est valable par elle-même, et n'a besoin d'aucune confirmation. Elle est bien affectée d'une condition résolutoire, puisqu'elle peut être révoquée par le donateur ; mais elle n'en est pas moins immédiatement parfaite, et elle restera telle, si cette condition résolutoire ne se réalise pas.

La donation entre époux, étant une donation entre-vifs, soumise seulement à la condition résolutoire qui résulte de sa révocabilité, il faut lui appliquer toutes les règles générales de la donation entre-vifs, auxquelles il n'est point dérogé en ce qui la concerne.

II. — FORMES

1° Conformément à l'art. 931, la donation entre époux doit être faite par acte notarié, et il doit en rester minute à peine de nullité : La loi du 21 juin 1843, art. 2, exige même expressément, pour la donation entre époux, comme pour la donation entre-vifs ordinaire, la présense effective du notaire en second ou des deux témoins.

2° Elle est soumise à la formalité de l'acceptation, expresse, (art. 932) ; en effet, il est plus qu'évident que l'art. 1087, qui fait exception à cette règle pour les donations par contrat de mariage, ne lui est pas applicable.

3° Elle soumise à la transcription (art. 939), lorsqu'elle a pour objet des biens susceptibles d'hypothèques. On a prétendu, il est vrai, que cette transcription était inutile, « attendu que ces donations étant essentielle-« ment révocables, tous les actes que le donateur ferait « sur les biens donnés, seraient maintenus, comme « emportant révocation de la donation, dans la mesure « des droits qu'il aurait attribués aux tiers par les « mêmes actes. » (Duranton, t. VIII, n° 509.) Mais il faut observer que, si cette transcription est sans objet à

l'égard des tiers qui ont acquis des droits réels du chef
de l'époux donateur, elle est au contraire très-utile à
l'égard de ses créanciers chirographaires, qui, à défaut
de transcription, pourraient saisir les biens donnés, et
à l'égard « des créanciers qui, postérieurement à la
« donation, pourraient acquérir hypothèque sans le
« concours de la volonté du donateur (hypothèque
légale ou judiciaire) (Marcadé. IV, n° 328),

4° Elle doit être accompagnée d'un état estimatif,
lorsqu'elle comprend des effets mobiliers (art. 948). Ce
point a aussi été contesté. « Un des principaux motifs
« qui ont fait exiger un état des meubles donnés, c'est
« afin d'assurer les effets de la donation ;.... or cela
« n'est point applicable à une donation révocable à la
« volonté du donateur. » (Duranton, t. VIII, 410). Cependant l'art. 948 est absolu, et aucune disposition n'y
déroge pour la donation entre époux. D'ailleurs cet
état n'a pas pour but unique d'assurer la fixité de la
donation ; il est aussi destiné à servir de base en matière de réduction, etc.; il sera notamment utile au
donataire contre les poursuites et la saisie des créanciers du donateur, et au donateur, dans le cas où il ré-
voquerait plus tard la donation.

5° Par exception aux règles ordinaires, l'art. 1097,
dont nous avons déjà vu l'application au testament,
défend également aux époux de se faire « pendant le
« mariage..., par acte entre-vifs..., aucune donation
« mutuelle et réciproque par un seul et même acte. »

Dans son application à la donation, cet article est une exception, fondée sur le désir d'assurer d'une manière plus efficace la révocabilité de la donation. Les époux peuvent d'ailleurs se faire des donations mutuelles ou réciproques par actes séparés, et cela, alors même que les actes seraient passés immédiatement, devant le même notaire et les mêmes témoins ; la loi exige seulement que les dispositions des deux époux ne soient pas contenues dans le même acte.

Tout ce que nous venons de dire s'applique à la donation entre époux, soit qu'elle porte sur les biens présents, soit qu'elle porte sur les biens à venir. Toutefois, dans cette dernière hypothèse, il est évident que la transcription et l'état estimatif sont inapplicables, par la force même des choses. Il en est autrement dans le cas où la donation porte cumulativement sur les biens présents et à venir; ces deux formalités sont alors nécessaires (quant aux biens présents), puisque cette donation cumulative peut aboutir à une donation de biens présents, par suite de l'option du donataire.

III. — CAPACITÉ.

1° L'époux mineur ne peut faire une donation à son conjoint, alors même qu'il est parvenu à l'âge de seize ans ; car l'art. 904 ne permet au mineur parvenu à cet âge de « disposer que par testament. » On a contesté cette solution, en faisant remarquer que la donation

n'était interdite au mineur que parce qu'elle était irrévocable. Mais la solution contraire est inadmissible en
présence des art. 903 et 904. La donation entre époux,
malgré sa révocabilité, n'est pas un testement; c'est une
donation entre-vifs qui produit un effet actuel, et l'article
903 ne fait aucune exception en ce qui la concerne.
« D'ailleurs, ce n'est pas seulement la révocabilité du
« testament qui est la cause déterminante de l'art. 904,
« c'est que le testament suppose la pensée d'une mort
« prochaine et que le disposant peut être dans la né-
« cessité de se hâter, s'il veut laisser des souvenirs
« d'affection, ou des témoignages de reconnaissance. »
(Colmet de Santerre, T. IV, n° 276 *bis* III.)

2° La même solution sera applicable à l'époux interdit, dans l'opinion qui décide que l'interdit, dans un intervalle lucide, peut faire un testament valable, tandis
qu'il ne peut faire une donation entre-vifs. De même
l'époux auquel a été nommé un conseil judiciaire (soit
pour faiblesse d'intelligence, soit pour prodigalité), ne
peut faire une donation à son conjoint qu'avec l'assistance de son conseil; car si l'individu pourvu d'un
conseil judiciaire est capable de disposer seul par testament, il ne peut au contraire disposer par donation
entre-vifs qu'avec l'assistance de son conseil. Si Merlin
(Rép. v° don mutuel § II, n° 11) est d'avis contraire,
c'est qu'il part de cette idée évidemment inexacte, que
l'époux « en donnant, n'aliène pas, puisqu'il conserve
« toujours la faculté de révoquer la donation. » —

Quant à l'époux (non interdit) placé dans une maison d'aliénés conformément à la loi du 30 juin 1838, il faut lui appliquer simplement l'art. 901 d'après lequel « pour faire une donation entre-vifs ou un testament, « il faut être sain d'esprit. » ; par conséquent la donation faite à son conjoint, sera, comme tout autre acte fait pendant son séjour dans cette maison, maintenu ou annulé, suivant que l'on reconnaîtra en fait, qu'il était ou n'était pas sain d'esprit au moment où il l'a faite.

3° Même solution encore, pour l'époux frappé de l'interdiction légale résultant d'une peine afflictive temporaire (art. 29 C. Pénal), dans l'opinion qui pense que l'interdit légalement peut faire un testament, et ne peut faire une donation entre-vifs. — Pour ce qui est du condamné à une peine afflictive perpétuelle, la question, de savoir s'il peut faire une donation à son conjoint, ne pouvait s'élever sous l'empire du Code Nap., puisque la mort civile qui le frappait dissolvait son mariage (art. 25 C. N.). La loi du 31 mai 1854 qui a aboli la mort civile, laisse subsister le mariage du condamné, mais elle le frappe notamment de l'incapacité de « disposer de ses biens en tout ou en « partie, soit par donation entre-vifs, soit par testa- « ment, et de recevoir à ce titre, si ce n'est pour cause « d'aliments. » Par conséquent toute donation, comme toute libéralité testamentaire entre lui et son conjoint, est nulle.

4° En ce qui concerne la femme mariée, l'autorisa-

tion, qu'exige l'art. 905 pour qu'elle puisse faire une donation entre vifs, n'est guère nécessaire lorsque cette donation s'adresse à son mari; car l'acceptation de la donation par le mari emporte virtuellement autorisation. — Mais on peut se demander si la femme mariée sous le régime dotal peut donner à son mari ses biens dotaux, de même qu'elle peut, dans l'opinion générale, en disposer par testament. D'après Duranton (T. XV, n° 536,) « il ne faut pas regarder comme une aliéna-
« tion, la donation que la femme ferait à son mari de
« ses biens dotaux pendant le mariage ......; la révo-
« cabilité essentiellement attachée à ces sortes de
« donations en fait des dispositions à cause de mort,
« qui ont la nature du legs, etc....» Nous avons admis au contraire que la donation entre époux était une véritable donation entre-vifs: aussi croyons-nous que la femme ne peut donner à son mari ses biens dotaux ; car cette donation renferme une aliénation, et elle n'est pas comprise au nombre des exceptions faites à l'art. 1154 par les articles suivants. « La révocabilité de la
« donation n'empêche pas qu'il n'y ait entre l'époux
« donateur et l'époux donataire un lien dès actuelle-
« ment formé, un engagement présent.... Et c'est pré-
« cisément ce lien, cet engagement, que la femme est
« incapable de contracter en ce qui concerne ses biens
« dotaux.» (Demolombe — Revue critique 1851. T. I., p. 415-420.) Et nous croyons avec M. Demolombe (*ibid.*) qu'il en est ainsi, même lorsqu'il s'agit d'une donation

de biens à venir, quoique sur ce point la question soit plus délicate.

5° Nous rencontrons, en matière de donation, la question que nous avons examinée déjà en matière de testament, sur l'incapacité relative de recevoir dont l'art. 909 frappe les médecins, chirurgiens, etc. Nous avons vu que cette incapacité ne doit pas s'appliquer entre époux.

6° Quant à l'*époque* à laquelle il faut se placer pour juger de la capacité des parties (de donner ou de recevoir), il faut également suivre les règles de la donation entre-vifs. La capacité des deux parties est donc seulement requise au moment où se forme le contrat de donation.

L'incapacité (de disposer chez l'époux donateur, de recevoir chez l'époux donataire) survenue postérieurement, est sans influence sur la donation. Ainsi la condamnation à une peine afflictive perpétuelle (L. 31 mai 1854, art. 3) ne nuira en rien à la donation, tandis qu'elle annulerait un testament. Cette solution, généralement admise lorsqu'il s'agit d'une donation de biens présents, est plus contestée quand il s'agit d'une donation de biens à venir : Duranton décide en effet (T. IX, n° 778) que cette donation entre époux est caduque, si le donateur ou le donataire vient à être frappé de mort civile ; il exige donc leur capacité au moment du décès du donateur. Troplong (T. IV, n°ˢ 2649-2650) fait une distinction entre le donateur et le donataire ; pour le premier, la capacité à l'instant du décès ne doit pas être considérée, tandis qu'elle doit exister encore à cet instant chez le second. Mais ces décisions, fondées sur le prétendu « caractère testamentaire » de la donation entre époux, ne peuvent être admises par ceux qui la considèrent comme une donation entre-vifs.

IV. — EFFETS.

1° La donation entre époux saisit immédiatement le donataire. S'il s'agit de biens présents, la donation le rend immédiatement propriétaire ou créancier, suivant les cas ; il devient propriétaire des biens donnés, sans qu'il soit besoin de tradition ; la jouissance lui en est acquise ; il en gardera les fruits, etc. S'il s'agit de biens à venir, il est saisi du droit éventuel que la donation lui confère ; il n'a donc pas à faire de demande en délivrance, lors du décès du donateur ; il a toujours droit aux fruits des biens donnés à partir du jour de ce décès, etc.

2° La donation entre époux, lorsqu'elle porte sur des biens présents, fait sortir les biens donnés du patrimoine de l'époux donateur ; elle les soustrait donc à l'action de ses créanciers chirographaires, et aux hypothèques légales ou judiciaires qui auront atteint ses biens postérieurement à la transcription. — Les créanciers de l'époux donateur ne peuvent d'ailleurs prétendre exercer de son chef, en vertu de l'art. 1166, le droit de révocation qui lui appartient, afin de faire rentrer dans son patrimoine les biens qui en sont sortis ; car ce droit de révocation est évidemment un de ces droits exceptés par l'art. 1166, comme exclusivement attachés à la personne. Mais ils peuvent, sans aucun doute, en vertu de l'art. 1167, attaquer la donation qu'ils prétendraient avoir été faite par leur débiteur à son conjoint en fraude de leurs droits ; et ils n'ont même pas à prouver que le conjoint donataire a été complice de la fraude ; il suffit qu'ils en prouvent l'existence chez l'époux donateur. — De même, en cas de faillite, la donation entre époux sera certainement nulle à l'égard de la masse par application de l'art. 446 (C. Com.), lorsqu'elle aura été faite dans les dix jours précédant la cessation des paiements. Mais nous croyons au contraire que la disposition de 564 (C. Com.), relative aux avantages faits par le mari à sa femme dans le contrat de mariage, ne doit pas être étendue aux donations faites pendant le mariage.

3° En matière de réduction, il faut appliquer à la donation entre époux l'art. 923, d'après lequel « il n'y « aura jamais lieu à réduire les donations entre-vifs, « qu'après avoir épuisé la valeur de tous les biens « compris dans les dispositions testamentaires ; et lors- « qu'il y aura lieu à cette réduction, elle se fera en « commençant par la dernière, et ainsi de suite en re- « montant des dernières aux plus anciennes. » Cette solution a été vivement contestée, même en ce qui concerne les donations de biens présents. Duranton, sous ce rapport, assimile « aux legs, les donations entre « époux faites pendant le mariage, puisqu'elles sont « révocables comme les legs. » (T. VIII, n° 357). D'après M. Colmet de Santerre, leur réduction doit bien s'opérer après celle des legs, mais avant celle des donations ordinaires, même postérieures. « Le donateur, par sa « seconde libéralité, a renoncé au droit de confirmer « la première, en tant que cette confirmation pourrait « nuire au nouveau donataire. » (T. IV, n° 276 bis VIII.)

Mais, nous le répétons, d'une part il est impossible de faire rentrer la donation entre époux au nombre des dispositions testamentaires, et d'autre part cette donation, parfaite à son origine, n'a pas besoin de confirmation. Sans aucun doute, le donateur peut la révoquer, même tacitement, (par exemple en faisant plus tard donation du même objet à un tiers) ; mais il est impossible de voir une révocation tacite dans ce seul fait que l'ensemble des donations de l'époux excède la quotité disponible.

En ce qui concerne la donation des biens à venir, la plupart des auteurs décident de même qu'elle doit être réduite après les dispositions testamentaires, mais avant les donations entre-vifs même postérieures. Mais ce rang intermédiaire, fait à la donation entre époux, est impossible à admettre en présence de l'art. 923 que nous

avons rapporté : Si on la considère comme une disposition testamentaire, il faut la réduire avec les dispositions testamentaires et au marc le franc (art. 925). Si on la considère comme une donation entre-vifs, elle n'est réductible qu'à sa date, et après les donations postérieures (art. 933). Sans doute, il arrivera souvent qu'en fait la donation de biens à venir se trouvera révoquée par les donations postérieures. « Mais si on re-
« connaissait qu'il n'y a pas eu révocation de la dona-
« tion faite au conjoint par la donation postérieure
« faite à un tiers, il faudrait dire, suivant nous, que le
« droit de l'époux donataire n'ayant pas été résolu, doit
« être regardé comme acquis, dès la date de la dona-
« tion. » (Demolombe, T. XXIII, n° 467.)

4° Il est bien certain que l'époux donateur peut stipuler le droit de retour, en cas de prédécès de son conjoint, conformément à l'art. 951.

Mais, à défaut de cette stipulation, la donation entre époux est-elle caduque par le prédécés du donataire ?

En ce qui concerne la donation de biens à venir (ou cumulative de biens présents et à venir), tous les auteurs admettent sa caducité par le prédécès du conjoint donataire ; et la nature même de cette donation impose cette solution ; car cette donation, se résumant en un droit éventuel dans la succession du donateur, suppose que le donataire existe encore au décès de ce donateur. D'ailleurs les textes ne laissent place à aucun

doute à cet égard; en effet le prédécès du donataire rendant cette donation caduque, lorsqu'elle est faite par
contrat de mariage, soit par des tiers aux futurs époux
(art. 1089),soit même par les futurs époux l'un à l'autre
(art. 1093) il doit en être de même,à plus forte raison,
lorsqu'elle a lieu entre les époux pendant le mariage.

Mais il y a, au contraire, une vive controverse en ce
qui concerne les donations de biens présents. Il va sans
dire, que les auteurs qui considèrent la donation entre
époux, comme une donation à cause de mort, admettent
sa caducité par le prédécès du donataire ; nous n'avons
plus à revenir sur cette opinion. Mais même dans
l'opinion, qui reconnaît comme nous que la donation
entre époux est bien une donation entre-vifs, on a
soutenu énergiquement le système de la caducité. Nous
pensons, au contraire, que la donation (de biens présents) entre époux n'est pas caduque par le prédécès
du donataire. Il faut, en effet, reconnaître avec la Cour
de cassation (arrêt du 18 juin 1845) « qu'une donation
« entre-vifs, régulièrement faite, et dûment acceptée,
« forme un contrat, qui ne peut être annulé ou révoqué,
« que dans les cas et pour les causes que la loi auto-
« rise ». Or, notre Code soumet bien la donation entre
époux à la faculté de révocation du donateur ; mais il
ne prononce nulle part sa caducité en cas de prédécès ;
cette cause de caducité ne lui est donc pas applicable.
Il nous semble, du reste, facile de répondre aux arguments invoqués dans l'opinion contraire : 1° On a

invoqué d'abord les traditions antérieures du droit
romain, et du droit des provinces méridionales, qui
déclaraient la donation entre époux, non-seulement
révocable, mais encore caduque par le prédécès du
donataire. Mais nous avons déjà observé que, dans le
droit romain, comme dans les pays de droit écrit, la
donation entre époux, considérée comme nulle *ab initio*,
mettait toute la vie du donateur à se parfaire, et qu'il
en est tout autrement dans notre droit moderne où la
donation entre époux est valable et parfaite à sa naissance. Or, il est impossible d'admettre que le droit
moderne, qui s'est complétement écarté de ces traditions
en notre matière, les ait, par son silence même, con-
servées sur cette seule question de la caducité ; pour
cela, il eût fallu qu'il s'en expliquât formellement,
comme il l'a fait toutes les fois qu'il a voulu appliquer
cette cause de caducité à des dispositions à titre gratuit
(art. 1039, art. 1089) ; 2° on a invoqué ensuite les texte.
du Code Napoléon lui-même : Si, a-t-on dit, l'art. 1089
déclare caduques par le prédécès du donataire, les
donations faites par contrat de mariage, par des tiers
aux futurs époux sous des conditions dont l'exécution
dépend de la volonté du donateur (1086), donations qui
ne sont révocables que d'une manière indirecte, comment cette caducité ne s'appliquerait-elle pas aux donations entre époux, que l'article 1096 déclare être
toujours révocables ? Mais il faut observer, que cette
caducité, prononcée d'une manière formelle par l'article

1089, est fondée sur une considération toute spéciale
(le désir d'encourager les donations faites aux futurs
époux par contrat de mariage, donations qui peuvent
faciliter les mariages, etc.) qui ne peut s'appliquer aux
donations entre époux. Il n'y a d'ailleurs aucune corrélation à établir entre la révocabilité d'une donation et
sa caducité. La preuve en est, par exemple, que la
donation de biens à venir, faite par un tiers aux futurs
époux dans leur contrat de mariage, est irrévocable
quant au titre (art. 1083) et cependant caduque par le
prédécès du donataire (art. 1089). Ce qui résulte
clairement des textes des chap. VIII et IX c'est que
la caducité dépend non pas de la révocabilité de
la disposition, mais bien de son objet : Caduque,
si elle porte sur des biens à venir (art. 1082 à 1089.
— art 1093), elle ne l'est pas, si elle porte sur des
biens présents (art. 1081 — art 1092) ; 3° On a argu-
menté aussi de l'art. 1092 qui décide que « toute dona-
« tion entre-vifs de biens présents, faite entre époux
« par contrat de mariage, ne sera point censée faite
» sous la condition de survie du donataire, etc. »
Donc, a t-on dit, *a contrario*, la donation entre-vifs de
biens présents, faite entre époux pendant le mariage,
est censée faite sous la condition de survie. Il y a même
là, a-t-on ajouté, non pas seulement un argument *a con-*
trario, mais même un argument *a fortiori* ; car la
donation entre futurs époux est irrévocable, tandis que
la donation entre époux est toujours révocable. Nous

venons de répondre à cette dernière idée, qui lie toujours la caducité à la révocabilité. Ajoutons que l'argument *a contrario*, que l'on prétend tirer de l'art. 1092 tombe complétement à faux. L'art. 1092 ne forme pas contraste avec l'art. 1096, mais bien avec l'art. 1093 qui le suit immédiatement : l'art. 1092 décidant que la donation entre futurs époux n'est pas caduque par le prédécès du donataire, lorsqu'elle porte sur des biens présents ; et l'art. 1093 décidant au contraire implicitement, par le renvoi qu'il fait aux règles du chap. VIII, que la donation également entre futurs époux, est caduque lorsqu'elle porte sur des biens à venir.

Maintenons donc avec une jurisprudence constante, (Limoges, 1er février 1840. — Cassation, 18 juin 1845), que la donation de biens présents entre époux n'es pas caduque par le prédécès du donataire.

Observons enfin que l'époux donateur restera maître de révoquer la donation, après le décès de son conjoint donataire, comme auparavant; l'art. 1096 étant conçu en termes généraux ; si donc il ne veut pas que les héritiers de son conjoint conservent les biens donnés, il révoquera la donation.

V. — RÉVOCATION.

1° *Révocation potestative*. La faculté de révocation, qui appartient à l'époux donateur, est généralement considérée comme purement potestative. Toutefois M. De-

molombe (Rev. Crit. 1851, T. I, p. 81 et s.) a proposé
sur ce point une théorie nouvelle, qu'il a reproduite
dans son Cours de Code Napoléon (T. XXIII, n° 443 fin).
D'après lui, la loi n'a pas donné à l'époux donateur un
droit de révocation « absolument potestative *ex mero
arbitrio* » comme celle des dispositions testamentaires;
le donateur s'étant engagé par un contrat est moralement
tenu de ne pas révoquer sans motif légitime. Mais il
faut observer que, cette idée serait-elle exacte en théorie,
il n'en pourrait guère résulter de conséquence pratique, puisque bien certainement il n'existe aucun
moyen de contrôler l'usage que l'époux donateur fait
de son droit de révocation. D'ailleurs, le principe de M.
Demolombe n'est pas indispensable pour justifier les
conséquences qu'en tire après lui M. Boutry-Boissonade
(Donat. entre ép. N° 378) : que la donation entre époux
confère la saisine au donataire, qu'elle ne peut être faite
par un mineur de 21 ans, qu'elle n'est pas caduque par
le prédécès du donataire, lorsqu'elle porte sur des biens
présents, etc. Toutes ces conséquences résultent en effet de ce principe que la donation entre époux est une
donation entre-vifs; or, M. Demolombe le reconnaît
lni-même, « en admettant même que cette faculté de
« révocation dût être considérée comme absolument
« potestative,... il n'en résulterait pas encore qu'elle fût
« destructive du caractère contractuel de la donation
« entre-vifs. » (T. XXIII. N° 443.)

Cette révocabilité est une condition essentielle de la

donation entre époux ; toute clause par laquelle les deux époux ou l'un d'eux renoncerait à la faculté de révocation serait radicalement nulle. Pour la garantir, l'art. 1096, 2ᵉ al. décide que « la révocation pourra « être faite par la femme sans y être autorisée par le « mari, ni par justice. » C'est dans le même but, que l'art. 1097, dont nous avons déjà signalé la disposition, défend aux époux de se faire aucune donation mutuelle par un seul et même acte. La loi considère en effet que, dans ce cas, la faculté de révocation ne serait pas complète, parce que les deux dispositions, étant contenues dans le même acte, pourraient être considérées comme la condition l'une de l'autre.

Quant aux formes de cette révocation, le Code ne les détermine pas; et l'on interprète généralement son silence sur ce point, en admettant qu'il s'en réfère aux règles qu'il a posées pour la révocation des testaments. Il faut donc appliquer à la révocation expresse l'art. 1035, et à la révocation tacite les art. 1036 et suivants· C'est ainsi que la Loi du 21 juin 1843, art. 2, exige pour la révocation des donations, faite par acte notarié, comme pour la révocation des testaments, la présence effective du notaire en second ou des deux témoins. La donation entre époux sera par exemple : révoquée tacitement par un testament postérieur contenant des dispositions incompatibles ou contraires, (art. 1036), dans la limite de cette incompatibilité ; par toute aliénation à titre gratuit ou onéreux, même par vente avec faculté de rachat, etc., par l'établissement de droits d'usufruit ou de servitude sur les biens donnés, dans la mesure de ces droits, etc. (art. 1038). — Au contraire, la constitution d'une hypothèque sur le bien donné, n'entraîne pas nécessairement la révocation de la donation, sauf à appliquer, en ce cas comme en matière de testaments, l'art. 1020. Il en est de même à plus forte raison, des simples dettes chirographaires contractées par l'époux donateur ; de même encore il n'y a pas nécessairement une révocation tacite dans ce fait que, par suite de donations postérieures, la quotité disponible se trouve dépassée, etc.

En ce qui concerne les effets de cette révocation, il faut appliquer les principes qui régissent la condition résolutoire. La révocation opère la résolution du droit de l'époux donataire ; il devra donc restituer la chose donnée ; mais il conservera évidemment les fruits perçus avant la révocation. De même, à l'égard des tiers, les aliénations, constitutions d'hypothèques, de servitudes, etc., consenties par le donataire, s'évanouissent. Le donataire, n'ayant qu'un droit résoluble, n'a conféré à ses ayants-cause qu'un droit soumis à la même résolution : Il n'est même pas possible d'appliquer, en ce cas, le tempérament admis en cas de révocation d'une donation ordinaire pour ingratitude du donataire par l'art. 958, dans l'intérêt des tiers qui ont traité avec le donataire ; car ce serait là une grave atteinte apportée à la faculté de révocation ; d'ailleurs le donateur n'a aucun motif à donner de sa révocation, et rien ne prouve qu'elle ait sa raison dans l'ingratitude du donataire.

2° *Révocation pour causes déterminées.* — En matière de donation entre-vifs ordinaire, notre Code admet trois causes de révocation : « pour cause d'inexé- « cution des conditions sous lesquelles elle aura été « faite, pour cause d'ingratitude, et pour cause de sur- « venance d'enfants » (art. 953). Ces causes de révocation sont-elles applicables à la donation entre époux ?

Quant à la dernière, nous trouvons un texte formel qui l'écarte dans l'art. 1096, dont le 3ᵉ al. porte : « Ces « donations (entre époux) ne seront point révoquées « par la survenance d'enfants. » Il n'y a même pas à distinguer entre la survenance d'enfants communs, où celle d'enfants du donateur issus d'un subséquent mariage ; car la généralité des termes de l'art. 1096 ne permet aucune distinction (comp. l'art. 960). Cette exception est d'ailleurs fondée tant sur la qualité personnelle du donataire, (qualité qui permet de supposer au donateur l'intention de le préférer même à ses enfants), que sur le peu d'utilité de cette révocation de plein droit, relativement à une donation toujours révocable au gré du donateur.

Mais que décider en ce qui concerne les deux autres causes de révocation (pour inexécution des conditions, pour ingratitude) ? Dans le silence du Code sur ce point, la question doit être résolue dans le sens de leur application entre époux. En effet, l'art. 953 indique trois causes de révocation des donations entre-vifs; l'art. 1096 ne fait d'exception, en ce qui concerne la donation entre époux, que par rapport à l'une d'elles; elle reste donc soumise aux deux autres. Ce droit de demander la ré_vocation pour ingratitude ou inexécution des conditions sera, il est vrai, sans importance pour le donateur, qui peut révoquer sans avoir à donner aucun motif. Mais cette faculté qui lui appartient ne passe pas à ses héri-tiers; ceux-ci pourront alors demander la révocation de la donation pour ces deux causes conformément aux art. 954 et suiv.

Une dernière question, qui se rattache à la révocation, est relative à l'effet de la séparation de corps sur les donations entre époux. Faut-il appliquer en cas de sé-paration de corps, l'art. 299 qui décidait qu'en cas de divorce « l'époux contre lequel le divorce aura été ad-« mis perdra tous les avantages que l'autre époux lui « avait faits, soit par contrat de mariage, soit depuis « le mariage contracté. » La jurisprudence, après hé-sitation, semble fixée dans le sens de la révocation de plein droit des avantages faits à l'époux contre lequel la séparation de corps a été prononcée ; (Cass. 23 mai 1845, et 28 avril 1846), mais la question est vivement discutée dans la doctrine.

Observons d'ailleurs que, sans aucun doute, la faculté de révocation continue d'exister après la séparation de corps, même au profit de l'époux contre lequel elle a

été obtenue. Par conséquent, dans le système de la jurisprudence, il y a cette différence entre les deux époux
que « les donations faites à l'époux, qui a obtenu la
« séparation, subsistent avec leur caractère de simple
« révocabilité, tandis que les donations par lui faites
« sont révoquées de plein droit. » (Demante II, 29 *bis*
III.)

SECTION III.

DONATIONS MANUELLES.

La donation de la main à la main, et par simple tradition, soit de sommes d'argent, soit de tous autres objets
corporels, est bien une donation entre-vifs, mais c'est une
de ces donations entre-vifs qui ne se font pas « par
actes » dans les formes prescrites par l'art. 931.

Cette donation de la main à la main est, sans contesta-
tion, considérée comme valable tant en jurisprudence
qu'en doctrine, et il n'y a même à admettr aucune distinction suivant la valeur des objets ainsi donnés. Elle
est affranchie, quant à la forme, des règles de la donation ordinaire (acte notarié, acceptation expresse,
état estimatif, etc.), et s'opère par la seule tradition des
objets, faite avec l'intention d'en transférer la propriété à titre gratuit. Mais elle est au contraire soumise aux règles de la donation ordinaire, quant au
fond, par ex. en ce qui concerne la quotité disponible,
la capacité, etc.

La validité de ces donations manuelles, entre époux,
ne peut guère être contestée. Sans doute, ces donations
peuvent présenter de graves inconvénients, surtout
entre époux, et compromettre par ex. dans une certaine limite la faculté de révocation que la loi attache
aux libéralités entre époux. Mais aucun texte ne les
prohibe, pas plus entre époux qu'entre toutes autres
personnes. Aussi la jurisprudence les considère-t-elle
comme parfaitement valables. Mais il faut, sans aucun
doute, leur appliquer toutes les règles de fond que
nous avons posées dans notre section précédente; elles
sont par conséquent révocables, conformément à l'art.
1096, soumises à la quotité disponible spéciale entre
époux et réductibles à cette quotité, etc.

Observons d'ailleurs, que ces règles de fond elles-
mêmes ne sont pas applicables aux présents ou cadeaux
d'usage, que les époux peuvent se faire pendant le mariage ; la loi en effet ne les considère pas comme des
donations : c'est dans cet esprit que l'art. 852 par ex.
ne les soumet pas au rapport entre co-héritiers ; aussi
l'époux qui a fait ces cadeaux, ne serait pas admis à
les reprendre, sous prétexte de révocation.

SECTION IV

LIBÉRALITÉS INDIRECTES.

Les formes solennelles de l'art. 931 sont également
inapplicables aux libéralités indirectes, comme celles

résultant, soit de la renonciation à un droit, soit d'une clause accessoire d'un contrat à titre onéreux que l'on fait avec la personne que l'on gratifie, etc.

Toutes ces libéralités sont valables entre époux, comme en toutes autres personnes ; car aucun texte n'en prononce la nullité ; mais elles seront du reste révocables par l'époux donateur, réductibles si elles excèdent la quotité disponible, etc.

Par ex. l'époux fait une libéralité indirecte à son conjoint, lorsqu'il renonce à un legs, pour en faire profiter son conjoint, qui se trouve l'héritier du testateur, ou qui lui a été substitué vulgairement pour ce legs, ou qui est son co-légataire avec accroissement ; ou lorsqu'il renonce à une succession, afin de gratifier son conjoint qui doit la recueillir à son défaut, etc.

Il en est de même, quand le mari paie les dettes personnelles de sa femme, dans l'intention de la gratifier de la somme que ces dettes représentent ; de même dans le cas où un époux, *donandi animo*, ferait à son conjoint la remise d'une créance qu'il aurait contre lui, ou d'un droit de servitude qui grève l'un de ses biens.

De même, une libéralité indirecte peut résulter d'une clause accessoire d'un contrat à titre onéreux conclu avec un tiers. Par exemple un époux, vendant à un tiers un bien qui lui appartient, pour telle somme, stipule accessoirement, et dans le but de gratifier son conjoint, que ce tiers paiera en outre une rente viagère de tant, à ce conjoint.

De même encore, lorsque dans un contrat à titre onéreux, d'ailleurs parfaitement sérieux comme tel, on fait
à la personne avec qui l'on contracte, et dans l'intention de la gratifier, des conditions plus favorables qu'on
ne les ferait à tout autre. Cette hypothèse se présentera
rarement entre époux. Cependant il n'est pas impossible
de supposer un avantage indirect de ce genre : par
exemple, dans l'un des trois cas où la vente est autorisée entre époux par l'art. 1595. Ainsi « la femme
« cède... à son mari en paiement d'une somme qu'elle
« lui aurait promise en dot, et lorsqu'il y a exclusion
« de communauté, » des biens dont la valeur réelle
est supérieure à cette somme. Aussi l'art. 1595 ajoute-
t-il, « sauf dans ces trois cas, les droits des héritiers
« des parties contractantes, s'il y a avantage in-
« direct. »

Remarquons d'ailleurs, que dans toutes ces hypothèses, il y aura toujours à apprécier, non-seulement
quel a été le résultat effectif de l'acte, mais aussi quelle
a été l'intention véritable de l'époux : « Si la succes-
« sion, à laquelle a renoncé le mari, était une succes-
« sion embarrassée, et que des recouvrements inespérés
« auraient depuis rendue opulente, il n'y aura pas eu
« donation indirecte, parce qu'il n'y avait pas inten-
« tion d'enrichir l'autre conjoint ;.... si le mari a payé,
« par honneur pour sa femme et sans son ordre, une
« dette frappée de prescription, il n'y aura pas d'avan-
« tage indirect, parce qu'il n'a ni enrichi, ni voulu

« enrichir sa femme, etc. » (Coin-Delisle, *Donat. et Test.*, art. 1099, n° 12.)

Observons enfin, qu'il ne peut évidemment être question entre époux de libéralité indirecte résultant d'une prescription, qui proviendrait de la négligence (volontaire et *animo donandi)* à exercer un droit, soit réel, soit de créance ; car d'après l'art. 2253, la prescription « ne court point entre époux. »

SECTION V

LIBÉRALITÉS SIMULÉES.

Aux libéralités indirectes dont nous venons de parler, nous opposons maintenant les libéralités simulées, c'est-à-dire les libéralités déguisées ou faites par personnes interposées. Nous avons vu que les libéralités indirectes étaient valables, mais réductibles ; nous verrons au contraire que les libéralités simulées sont complétement nulles entre époux.

I. — LIBÉRALITÉS DÉGUISÉES.

« Il y a donation déguisée lorsque l'opération à la-
« quelle les parties ont donné le nom et la forme d'un
« contrat à titre onéreux, n'est en réalité qu'une do-
« nation, sans aucun mélange avec un contrat à titre
« onéreux quelconque, lorsqu'elle a été faite unique-
« ment en vue de donner. En un mot, dans la donation

« déguisée, *aliud agitur, aliud simulatur.* » (Vernet, Revue pratique, 1863, p. 193 et s.)

Il n'existe pas pour les époux, comme cela a lieu pour certaines autres personnes (art. 918), de présomptions légales de déguisement de libéralités. La preuve du déguisement incombe donc toujours à celui qui en invoque l'existence. Observons seulement que la vente, étant un contrat qui se prête très-facilement au déguisement, la loi ne l'a autorisée entre époux que dans trois cas, qu'énumère l'art. 1595. Mais il existe bien d'autres moyens de déguiser une libéralité. Nous ne parlerons pas d'un déguisement très-fréquent qui consiste dans la simulation au contrat de mariage d'un apport bien supérieur à l'apport réel (V. Cassation, 29 mai 1838, etc.), puisque nous ne nous occupons que des donations pendant le mariage· Mais voici quelques autres exemples puisés dans la jurisprudence :

Par exemple, les époux ont fait entre eux un prétendu bail, qui « n'a rien de sérieux comme tel,... et n'a « eu pour but que de déguiser un avantage en faveur » de l'un d'eux (Orléans, 21 juillet 1865). L'un des époux souscrit au profit de l'autre, un effet comme reconnaissance d'un prêt que ce dernier lui aurait fait, lorsque cet effet n'a rien de sérieux, et n'a pour but que de déguiser un avantage au profit de son conjoint. (Limoges, 6 juillet 1842). De même le mari s'est reconnu débiteur envers sa femme d'une somme qu'il aurait touchée, suivant l'acte, comme faisant partie de la dot. (Limoges,

2 février 1839). Ou, les époux étant mariés sous le régime de séparation de biens, la femme achète différents immeubles, et il est reconnu que le prix de ces acquisitions a été soldé avec les deniers de son mari (Cassation, 30 novembre 1831). Ou bien les époux, étant mariés sous le régime dotal, achètent conjointement certains biens, et la quittance porte que le prix est payé par chacun d'eux pour moitié, lorsque tout démontre que la femme n'a jamais eu de fonds à elle propres, et que le prix a été payé par le mari seul.' (Toulouse, 26 février 1861). Ou bien encore l'un des époux vend certains biens à un tiers complaisant, qui fait ensuite donation de ces mêmes biens au conjoint du vendeur, et il est encore prouvé en fait que le tout est simulé, et n'a d'autre but que de déguiser une donation de ces biens entre les deux époux (Cassation, 16 avril 1850).

II. — Libéralités par personnes interposées.

En ce cas, « il est vrai aussi de dire : *Aliud agitur,*
« *aliud simulatur;* mais la simulation ne porte pas
« sur la nature du contrat, elle porte sur la personne
« réellement gratifiée de la libéralité. Je donne osten-
« siblement à Pierre ; mais, en réalité, c'est Paul qui
« profitera de ma libéralité. J'ai confiance dans la
« loyauté de la personne que j'interpose ainsi entre
« moi et celui auquel je destine les biens dont je me

« dépouille. Cette personne interposée se charge de
« les remettre au véritable donataire. » (Vernet, *ibid.)*

Il serait ordinairement bien difficile de prouver que
la donation, faite par un époux à un étranger, s'adresse
réellement à son conjoint. Aussi la loi, pour diminuer
cet inconvénient, a-t-elle établi à cet égard certaines
présomptions : « Seront réputées faites à personnes in-
« terposées (art. 1100), les donations de l'un des
« époux, aux enfans ou à l'un des enfans de l'autre
« époux issus d'un autre mariage, et celles faites par
« le donateur aux parens dont l'autre époux sera
« héritier présomptif au jour de la donation, encore
« que ce dernier n'ait point survécu à son parent
« donataire. » Ainsi, est réputée faite au conjoint par
personnes interposées, et cela sans qu'il soit jamais
possible de prouver que la présomption de la loi est
inexacte en fait (art. 1352), toute donation faite :

1° Aux enfants du conjoint, qui ne sont pas en même
temps les enfants de l'époux donateur. C'est là, en
effet, ce que veut dire l'art. 1100 par la formule :
« enfans... issus d'un autre mariage. » La présomption s'appliquera donc aux enfants naturels, ou même
adoptifs du conjoint. Car si l'art. 1100 emploie cette formule, ce n'est pas pour exiger que les enfants soient issus d'un mariage, mais pour exclure de la présomption
les enfants communs, les enfants issus du mariage actuel; pour eux en effet, le lien qui les attache à l'époux
donateur comme à son conjoint, est une garantie de la

sincérité de la donation qui leur est faite ; observons
du reste, que la présomption ne s'applique pas à l'enfant commun, alors même qu'en fait l'autre époux
aurait profité plus tard de la donation faite à cet
enfant par son conjoint, (par exemple en recueillant la
succession de cet enfant). Il est d'ailleurs certain que
par le mot « enfans » il faut entendre tous les descendants à quelque degré que ce soit.

2° Aux parents dont le conjoint se trouve être l'héritier présomptif au jour de la donation. Pour que la
présomption existe, il suffit que le conjoint fût, au
jour de la donation, l'héritier présomptif de son parent
donataire ; peu importe qu'en fait il ne vienne pas plus
tard à sa succession, par exemple, qu'il renonce, ou
qu'il prédécède, etc. ; en effet les termes de l'art. 1100
« encore que, etc. » ne sont pas restrictifs, mais seulement énonciatifs. En sens inverse, la présomption ne
s appliquera pas, si, au jour de la donation, le conjoint
n'était pas l'héritier présomptif de son parent donataire, quoique en fait il soit devenu plus tard son héritier. Le mot « donation » doit se prendre dans un
sens large : donation entre-vifs ou testamentaire (art.
711); et c'est, dans tous les cas, au jour même de la disposition qu'il faut se placer ; car ce que l'on doit considérer, c'est l'intention du disposant au moment où il
fait la disposition.

D'ailleurs, dans tous les cas où l'interposition n'est
pas présumée de plein droit, il est toujours permis de

la prouver. Ainsi par exemple, supposons qu'un époux fait une donation à l'aïeul de son conjoint, le père de ce conjoint, fils de l'aïeul donataire, vivant encore ; en ce cas, le conjoint n'étant pas l'héritier présomptif de son aïeul, l'art. 1100 ne lui est pas applicable ; mais l'interposition pourra être prouvée en fait, et d'après les circonstances ; et cette preuve sera par exemple plus facile dans un cas de ce genre, que lorsque la personne interposée est complétement étrangère au conjoint.

III. — LEUR NULLITÉ.

Nous avons dit que les libéralités simulées étaient nulles entre époux. Telle est, selon nous, la décision de l'art. 1099 : « Les époux ne pourront se donner indi- « rectement au delà de ce qui leur est permis par les « dispositions ci-dessus. — Toute donation, ou dégui- « sée, ou faite à personnes interposées, sera nulle. »

Constatons d'abord que l'art. 1099 doit s'appliquer à tous les époux, et non pas seulement, comme on l'a prétendu, à l'époux qui se remarie ayant des enfants d'un premier lit (hypothèse prévue par l'art. 1098). Quoique le danger de simulation soit plus grand encore dans ce cas que dans celui de l'art. 1094, et que la loi soit plus sévère pour les seconds mariages que pour les premiers, il faut reconnaître que la portée de l'art. 1099 est générale. Il ne parle pas en effet comme l'art. 1098 de « l'homme ou la femme qui, ayant des enfans d'un

« autre lit, etc. », mais il parle en général des « époux. » En outre il ne renvoie pas aux règles établies « par la disposition ci-dessus, » mais bien « par les dispositions ci-dessus. » D'ailleurs, il est bien évident que le premier alinéa de l'art. 1099 qui défend aux époux de « se donner indirectement au delà de ce « qui leur est permis, etc. » s'applique aussi bien dans le cas de l'art. 1094, que dans le cas de l'art. 1098 ; s'il en est ainsi pour le premier alinéa, pourquoi n'en serait-il pas de même pour le deuxième ?

Les libéralités simulées sont, disons nous, complétement nulles entre époux. Cette sévérité de la loi en ce qui concerne les libéralités entre époux, peut s'expliquer facilement : C'est d'abord que les dangers de simulation et de fraude sont plus grands encore entre époux, qu'entre toutes autres personnes. C'est ensuite que la loi tenait à assurer la révocabilité des libéralités entre époux (1096) ; or il est certain qu'en fait, la simulation d'acte, ou l'interposition de personnes, serait une entrave considérable à la faculté de révoquer la donation faite par ce moyen détourné. Aussi, pour empêcher plus sûrement les époux de recourir à ces simulations, la loi déclare que toute libéralité faite entre eux par ces moyens sera nulle.

On a soutenu cependant que les libéralités simulées entre époux ne sont pas nulles, mais seulement réductibles, comme toutes autres. Pour cela, on a fait observer que ces libéralités, dont parle le second alinéa de l'art. 1099 sont aussi des libéralités indirectes, que ce sont des moyens par lesquels les époux se sont donnés « indirectement au-delà de ce qui leur est permis ; » par conséquent,elles sont comprises dans la disposition du premier alinéa ; si le second alinéa les déclare nulles, ce n'est qu'en tant qu'elles excèdent le disponible ; et ce second alinéa n'est que le complément et le développement du premier.

Mais cette opinion est inadmissible ; car, dans ce système, le 2e al. de l'art. 1099 serait complétement inutile, puisqu'il dirait, comme le premier, que les libéralités indirectes sont réductibles ; et, qui plus est, il serait tout à fait inexact, puisqu'il parlerait de nullité, alors qu'il s'agirait seulement de réduction, sans doute, les libéralités simulées sont des libéralités indirectes, en prenant ce mot dans un sens large ; mais il n'est pas vrai qu'à l'inverse toutes les libéralités indirectes soient simulées ; nous avons en effet signalé plusieurs cas, où il y a libéralité indirecte, sans aucun déguisement ni interposition de personnes. Or il est impossible de trouver un texte qui oppose plus nettement que l'art. 1099 les libéralités simplement indirectes,aux libéralités simulées; soumettant les premières à la réduction, il frappe les secondes de nullité.

En vain objecte-t-on que l'art. 911 déclare également « nulle... toute disposition au profit d'un in- « capable,soit qu'on la déguise sous la forme d'un con-

« trat onéreux, soit qu'on la fasse sous le nom de per-
« sonnes interposées, » et que cependant l'on reconnaît
que la nullité n'a lieu que pour ce qui excède la capacité du donataire. — En effet cet art. 911 ne déclare
cette disposition nulle, qu'en tant qu'elle s'adresse à un
incapable ; or l'incapacité est susceptible de plus ou
de moins, et en deça de la limite de son incapacité, le
donataire n'est pas incapable. Il en est tout autrement
dans notre hypothèse; car la qualité d'époux existe toujours, et n'est pas susceptible de degrés.

Nous ne pouvons admettre davantage les distinctions
qu'on a proposées: On a proposé d'abord de distinguer,
suivant que la libéralité excède ou non la quotité disponible ; la libéralité, valable dans le premier cas, serait nulle et non pas seulement réductible dans le
second. Mais il n'y a aucune raison de subordonner
ainsi la validité de la libéralité à cette circonstance,
qu'au décès du disposant, elle excèdera ou non la quotité disponible, puisque cette circonstance ne serait
même pas l'indice de la bonne ou de la mauvaise foi
du disposant. — On a proposé ensuite de distinguer,
suivant que la libéralité a été faite ou non dans l'intention d'excéder le disponible. Elle serait nulle, lorsqu'elle aurait été faite dans le but de dépasser le disponible, lors même que réellement elle ne le dépasserait pas ; elle serait au contraire seulement réductible,
si elle le dépassait, dès qu'elle n'aurait pas été faite dans
ce but. Mais cette distinction, qui donnerait lieu à bien

des difficultés, ne répondrait pas davantage au but de la loi. D'ailleurs dans l'un et l'autre cas, c'est introduire dans le 2e al. de l'art. 1099 une distinction arbitraire, et contraire à la généralité de ses termes.

Observons encore que l'art. 1099 s'applique aux libéralités simulées entre époux, sans qu'il y ait non plus à distinguer, suivant que l'époux disposant laisse ou non des héritiers réservataires. Mais, pourrait-t-on dire, le texte de l'art. 1099 implique l'idée d'une réserve, à laquelle les époux ont voulu faire fraude, puisqu'il parle de libéralités faites par eux « au delà de ce qui leur est permis. » De plus, ajouterait-on, le système contraire aboutit, par suite de la présomption d'interposition de l'art. 1100, à prononcer contre les enfants du premier lit de l'époux présumé donataire, une incapacité personnelle de recevoir. Il faut répondre que lorsque les époux emploient la voie des libéralités simulées, ils ne se donnent pas seulement *au delà* de ce que la loi leur permet, ils se donnent *autrement*. En appliquant à ces libéralités la sanction énergique de l'art. 1099 2°, la loi a voulu détourner les époux de ces simulations; c'est là une forme de libéralités, que la loi ne reconnaît pas comme valable entre époux. Or cette défense aux époux de se faire des libéralités simulées, est générale ; les termes même de l'art. 1099 résistent à toute distinction ; et le motif sur lequel elle est fondée, est indépendant de cette circonstance que l'époux disposant laisse ou non des héritiers réservataires.

Cependant, il faut reconnaître que cette nullité de l'art. 1099 est quelquefois bien rigoureuse, puisqu'elle empêche toute libéralité entre l'un des époux et les enfants du premier lit de son conjoint, toujours présumé donataire. Aussi est-ce surtout dans des cas semblables que la jurisprudence a hésité à appliquer la nullité absolue. (Paris 21 Juin 1837, — Orléans 10 février 1865.) Mais la grande majorité des arrêts est dans le sens de la nullité sans aucune distinction.

Il est évident du reste que le mot « donation » de l'art. 1099 doit s'entendre dans un sens général et que la nullité s'applique à toute libéralité simulée, aux legs et autres dispositions testamentaires, comme aux donations entre-vifs. (Caen. 6 Janv. 1845.)

Cette nullité de la libéralité simulée entre époux, est absolue et proposable par toute personne intéressée. C'est en effet une nullité qui a pour cause, soit un vice de forme (la loi ne considérant pas cette forme de libéralité comme valable entre époux), soit des considérations d'ordre public (assurer par une sanction énergique la révocabilité des libéralités entre époux, etc.). Elle peut donc être invoquée non-seulement par les héritiers à réserve, mais encore par le donateur lui-même ; par suite elle peut l'être également par ses créanciers, en vertu de l'art. 1166.

Du reste, remarquons qu'en ce qui nous concerne,

c'est-à-dire lorsqu'il s'agit d'une donation faite pendant le mariage, le donateur peut, s'il le préfère, ne pas invoquer la nullité de l'art. 1099, et se borner à en demander la révocation en vertu de l'art. 1096.

CHAPITRE DEUXIÈME

Quotité disponible entre époux.

SECTION PREMIÈRE

DÉTERMINATION DE CETTE QUOTITÉ DISPONIBLE

La quotité de biens, dont un époux (qui n'a pas d'enfants d'un précédent mariage) peut disposer au profit de son conjoint, est fixée par l'art. 1094, C. N. «L'époux « pourra, soit par contrat de mariage, soit pendant le « mariage, disposer en faveur de l'autre époux, etc.. » D'après cet article, pour déterminer cette quotité, il faut distinguer trois hypothèses, suivant la qualité des héritiers que laisse l'époux.

I. — ENFANTS OU DESCENDANTS.

« Pour le cas où l'époux donateur laisserait des en« fans ou descendans, il pourra donner à l'autre « époux, ou un quart en propriété et un autre quart en

« usufruit, ou la moitié de tous ses biens en usufruit
« seulement. » (art. 1094, 2e al.). Cet article, dont la
rédaction semble au premier abord ne pouvoir donner
lieu à aucune controverse, a cependant soulevé les
plus graves difficultés. Lorsqu'il s'agit de toute autre
personne que le conjoint, (ou, comme on dit ordinairement, pour abréger, lorsqu'il s'agit d'un étranger)
l'art. 913 fixe la quotité disponible d'une manière va-
riable suivant le nombre des enfants(1/2 s'il y a un enfant; 1/3 s'il y en a deux ; 1/4 s'il y en a trois ou plus).
Lorsqu'il s'agit du conjoint, au contraire, l'art. 1094
paraît bien poser une règle unique, invariable et indépendante du nombre des enfants (1/4 en propriété et
1/4 en usufruit,ou 1/2 en usufruit seulement).

Cette quotité fixée par l'art. 1094,plus forte que celle
de l'art. 913, dans le cas où il y a trois enfants ou un
plus grand nombre, se trouve au contraire plus faible
s'il n'y a qu'un enfant, et tantôt plus forte, tantôt plus
faible, s'il y a deux enfants, suivant la valeur relative
que l'on attribue à l'usufruit. Mais, cette quotité fixée
par l'art. 1094, est-elle une simple faculté, une faveur
pour les époux, qui pourront, s'ils le préfèrent, s'en
tenir à la quotité disponible de droit commun de l'art.
913 ? ou bien leur est-elle imposée dans tous les cas,
et alors même qu'elle se trouve plus restreinte que
cette dernière?

Pendant les quarante premières années qui suivirent
la promulgation du Code, la doctrine et la jurispru-

dence furent d'accord pour reconnaître que l'art. 1094
fixait,pour les libéralités entre époux,un taux uniforme
et invariable, qui pouvait être par conséquent, dans
certains cas, restrictif de la quotité disponible des art.
913 et suiv. Mais ce système fut vivement attaqué en
1841 par M. Benech, qui consacra presque un volume
à démontrer que « l'art. 1094 n'est, en aucun cas,
« restrictif de la quotité disponible ordinaire. » Pour
défendre son opinion, M. Benech se fonde sur quatre
ordres d'arguments, que nous allons analyser succinc-
tement.

1° Textes de la loi: D'après l'art. 902 « Toutes per-
« sonnes peuvent disposer et recevoir, excepté celles
que la loi en déclare incapables ; » et d'autre part
l'art. 913 dispose que : « Les libéralités , soit
« par actes entre-vifs , soit par testament , ne
« pourront excéder la 1/2 des biens du disposant,
« s'il ne laisse à son décès qu'un enfant légi-
« time ; le 1/3 s'il laisse deux enfans : le 1/4 s'il en
« laisse trois ou un plus grand nombre. » Les époux
sont donc capables de disposer et de recevoir entre
eux dans ces limites ; car aucun texte ne les en déclare
incapables. L'art. 1098 établit bien une incapacité partielle ou relative en cas de seconds mariages, mais il en
est tout autrement de l'art. 1094 dont la formule est
purement facultative : « L'époux *pourra*; » et cela est
très-remarquable, en présence des nombreux articles
qui emploient au contraire une formule prohibitive (art.

907, 908, 909, 1098), et surtout en présence de l'art. 913 comparé à notre art. 1094.

2° Intention du législateur : Dans l'art. 16 du projet Jacqueminot, correspondant à l'art. 913 actuel, la quotité disponible ordinaire n'était pas graduée d'après le nombre des enfants, comme elle l'est dans le Code ; elle était toujours   et invariablement du « quart des « biens du donateur, s'il laisse à son décès des enfans « ou descendans. » (art. 16, 2e al.) Au contraire l'art. 151 de ce même projet était textuellement ce qu'est l'art. 1094 actuel (sauf le mot : peut, au lieu du mot : pourra). Il est donc certain que le but de l'art. 151 était « d'augmenter dans tous les cas possibles la quotité dis- « ponible ordinaire » au profit des époux ; « tous les « développements que recevrait plus tard la quotité « disponible ordinaire devaient donc nécessairement « profiter aux époux. » Plus tard, sur la proposition de Cambacérès, on gradua la q uotité disponible ordinaire selon le nombre des enfants, tandis que notre art. 1094 actuel fut adopté sans modification ; il doit donc être interprété dans son sens primitif, c'est-à-dire dans un sens toujours favorable aux époux.

Cela est surtout évident, lorsqu'on se reporte à la discussion de notre article 1098 actuel (art. 156 du projet Jacqueminot, devenu l'article 161 du projet du gouvernement), relatif au cas de second mariage : « L'homme ou la femme qui convole à de secondes ou « subséquentes noces, ayant enfans ou descendans d'un

« précédent mariage, ne peut donner à son nouvel
« époux, qu'une part d'enfant légitime le moins pre-
« nant, et en usufruit seulement » (art. 156, 1ᵉʳ al.).
Sur cet article, le consul Cambacérès dit : « qu'on pour-
« rait lui permettre de la donner en toute propriété à
« son autre époux. — M. Berlier, observe qu'en accor-
« dant au nouvel époux la faculté de recevoir une part
« d'enfant *même en propriété*, ce qui est raisonnable,
« il est peut-être convenable de modifier cette règle ;
« car s'il n'y avait qu'un enfant ou deux du premier
« mariage, et point du second, le nouvel époux pour-
« rait en partageant avec eux, avoir la moitié ou le
« tiers de la succession » (Fenet., t. XII, p. 416-417).
Or, dit M. Benech, si M. Berlier « fait observer qu'il
« faut limiter la part dont le nouvel époux pourra être
« gratifié, parce que, sans cette limitation, il pourrait...
« recevoir la moitié ou le tiers de la succession, c'est
« qu'il reconnaissait sans doute, que... l'époux du pre-
« mier lit aurait pu être gratifié de la même quotité »
et le conseil d'État s'associa à cette pensée, en adoptant son amendement.

De plus, la section du Tribunat, entre autres observations sur notre article 1094 actuel, proposa notamment de changer la rédaction du 2ᵐᵉ al. et de dire
précisément : « Il pourra donner à l'autre époux tout
« ce dont il *pourrait disposer en propriété*, ou la moitié
« de tous ses biens, en usufruit seulement » (Fenet. XII,
p. 467). S'il ne fut pas donné suite à cette observation

par le conseil d'État, « qui avait manifesté depuis
« longtemps une opinion conforme,... c'est que, dans
« sa pensée, la rédaction du projet était suffisante pour
« exprimer ce principe. »

3° et 4°. Philosophie et histoire du droit. En raison,
il est impossible que la qualité d'époux soit, à la fois,
une cause de faveur, et une cause de défaveur ; or, il
est bien certain que, en général, la disposition de l'article
1094, contient une faveur pour les époux, et il serait
« absurde » que la qualité de conjoint qui est ainsi une
faveur, soit quand l'époux ne laisse que des ascendants
(art. 1094 1°), soit quand il laisse trois enfants ou plus
(art. 1094, 2°), fût, au contraire, une cause de défaveur,
dans le cas où l'époux ne laisse qu'un enfant ou deux.
« Il faudra donc consentir à dire que plus la réserve
« des enfants sera modique, et plus l'époux sera favo-
« risé,.... et quand l'enfant unique aura pour lui seul
« la moitié en propriété à titre de réserve, l'époux
« sera plus maltraité. » Ce résultat serait « vraiment
« monstrueux. »

Enfin, « c'est mettre fort gratuitement les auteurs du
« Code civil, au ban de tous les législateurs anciens et
« modernes, que de leur supposer un système si
« étrange » ; car l'ancien droit rapproché du nouveau
n'offre aucun précédent favorable à ce système, et, si
l'on interroge les monuments législatifs de l'Europe
moderne, on arrivera au même résultat.

— Quelque solides que paraissent les raisons invoquées par M. Benech, et quelque grande que soit l'autorité des jurisconsultes qui ont approuvé ou développé cette nouvelle explication de l'article 1094, nous préférons l'opinion contraire, admise encore aujourd'hui par lamajorité des auteurs, et par une jurisprudence constante. En effet :

1° L'argument de texte tiré de la formule « pourra « disposer », n'est aucunement décisif. Car, déclarer que l'époux peut disposer dans telle limite, c'est déclarer d'une manière nécessaire, quoique implicite, qu'il ne peut disposer au-delà de cette limite. D'ailleurs, la formule négative que semble exiger M. Benech, ne se trouve-t-elle pas dans l'article 1099 ? Et il est bien évident que quand cet article décide que « les époux « ne pourront se donner indirectement au-delà de ce « qui leur est permis par les dispositions ci-dessus », il entend se référer aux dispositions de notre chapitre IX et non pas aux articles 913 et s. qui en sont si éloignés. Enfin, cette formule facultative : «L'époux peut» ou « pourra », qui de l'article 151 du projet Jacqueminot, a passé dans tous les projets subséquents et dans notre article 1094 actuel, peut s'expliquer historiquement, puisque dans ce projet la quotité disponible au profit d'un époux était toujours supérieure à la quotité disponible de droit commun.

2° M. Benech n'est pas plus heureux quand il invoque les travaux préparatoires du Code ; car les arguments qu'il prétend en tirer se retournent contre sa doctrine. Il est en effet bien certain que dans le projet Jacqueminot, l'article 151, devenu notre art. 1094, fixait entre époux une quotité disponible invariable et indépendante du nombre des enfants ; or le texte de cet art. est resté toujours le même ; il faut donc lui donner le sens qu'il avait alors. Mais, dit-on, la modification qu'a subie l'art. 16, a dû nécessairement réagir sur l'art. 151, à cause de la corrélation qui existait entre eux. D'après le projet, l'époux devait toujours recevoir autant qu'un étranger en propriété, et de plus une certaine portion d'usufruit ; notamment, en présence d'enfants, un étranger pouvait recevoir 1/4 en propriété ou 1/4 en usufruit (car, d'après l'art. 17 du projet, le disponible en usufruit était le même qu'en propriété), tandis que l'époux pouvait recevoir 1/4 en propriété ou en usufruit, plus un autre 1/4 en usufruit. De là l'alternative de 1/4 en propriété et 1/4 en usufruit ou 1/2 (1/4 + 1/4) en usufruit. Cela est très-exact ; mais ce qui est inexact, c'est de supposer aux rédacteurs du projet cette pensée, que l'époux devrait profiter de toutes les augmentations qui pourraient être apportées au disponible de droit commun. Ils avaient pu trouver insuffisante pour l'époux la quotité de droit commun, telle qu'elle était fixée par l'art. 16 du projet lui-même, et y ajouter en conséquence 1/4 en usufruit ; mais rien n'autorise à penser, qu'ils avaient voulu que l'époux pût toujours recueillir le disponible de droit commun tel qu'il pourrait être fixé plus tard. Le contraire résulte même, selon nous, de l'art. 151 du projet lui-même ; car son second alinéa ne dit pas que l'époux qui laisse des enfants peut « disposer en faveur de « l'autre époux de tout ce dont il pourrait disposer en « faveur d'un étranger, et en outre, etc. », comme le dit le premier alinéa , pour le cas où l'époux ne laisse que d'autres héritiers. Cette différence : de rédaction des deux alinéas est très-remarquable; car en fait, dans le projet lui-même, cette rédaction aurait été parfaitement exacte ; c'est donc bien que l'on n'avait pas voulu poser en règle, que la quotité disponible de celui qui a des enfants, devrait toujours être aussi étendue en faveur de l'époux qu'en faveur de l'étranger.

Le Tribunat l'avait bien compris ; et c'est pour cela qu'il demanda sur cet art. du projet,non pas un simple changement de rédaction, comme le dit M. Benech, mais une véritable modification de l'art. : « Dans le cas « où il y aurait des enfants, *la section pense qu'il est* *«juste* qu'un époux puisse donner à l'autre tout ce dont « il pourrait disposer en propriété, c'est-à-dire autant « qu'il pourrait donner à un étranger, ou la 1/2 de « ses biens en usufruit. » (Fenet. XII, p. 467.) C'est précisément la théorie de M. Benech. Or le conseil d'État n'a pas tenu compte de cet amendement ; et nous voyons lors de la communication officielle au Tribunat,M.Jaubert déclarer que « s'il reste des enfants « du mariage, l'époux survivant *ne peut* avoir *qu'*un

« quart en propriété et un autre quart en usufruit ou
« la moitié de tous les biens en usufruit seulement. »
(Fenet. XII, 621.)

Quant à l'argument tiré de l'amendement de M. Berlier sur l'art. 1098 actuel, on peut répondre d'abord
avec M. Demolombe (XXIII, n° 552) que c'est attacher
beaucoup d'importance à ces paroles «prononcées in-
cidemment.» En second lieu, sans admettre la trop in-
génieuse explication qu'en donne M. Marcadé (T. IV,
art. 1094 n° 337 *bis*.), il nous semble que la simple lecture attentive de la discussion de cet art. suffit pour
résoudre la difficulté. D'après le projet, la quotité disponible en faveur d'un second époux, était d'une part
d'enfant (c'est-à-dire au maximum de 1/2) *en usufruit*;
elle ne pouvait donc jamais être supérieure à la quotité disponible en faveur d'un premier époux. Mais
Cambacérès propose de lui donner cette part d'enfant
en propriété. De là l'observation de M. Berlier, que nous
avons rapportée plus haut, et qui s'explique tout naturellement. Sans doute la prétention d'un second époux
qui aurait voulu être mieux traité qu'un premier époux,
aurait dû être repoussée ; mais il faut reconnaître que
cette prétention (fondée sur une interprétation littérale
de l'art. modifié par la proposition de Cambacérès, et
sur les précédents historiques), aurait pu être soutenue
avec quelque raison. Voilà ce dont fut choqué M. Berlier, qui ne l'eût peut-être pas été autant, s'il eût pensé qu'un premier époux pût recevoir aussi la 1/2 ou le

16

1/3 en propriété ; car accorder, dans une hypothèse donnée,*autant* à un second époux qu'à un premier,es bien différent de lui accorder *plus*.

3° Enfin, c'est complétement à tort, que M. Benech accuse notre disposition d'inconséquence et d'absurdité. Quand il fixait la quotité disponible de droit commun, le législateur n'avait à tenir compte que de la qualité des réservataires,sans avoir à s'occuper de ceux à qui cette quotité disponible pouvait être attribuée. Au contraire, pour la quotité disponible entre époux, il avait à prendre en considération, non pas seulement la qualité des réservataires, mais encore la qualité de celui, à l'égard de qui était fixé ce disponible. Il était nécessaire en effet,que les conjoints pussent assurer au survivant d'entre eux pendant son veuvage une situation convenab'e, et lui permettre de conserver une position analogue à celle qu'ils avaient eue pendant le mariage ; et, à ce point de vue, les libéralités entre époux étaient très-dignes de faveur, surtout dans une législation qui ne conservait aucuns des gains légaux de survie de notre ancien droit. Mais, d'un autre côté, il pouvait être à craindre que les époux ne s'exagérassent cette nécessité,et ne se fissent des libéralités excessives. On conçoit donc très-bien que le système de la quotité disponible entre époux,soit tout à la fois extensif et restrictif du droit commun. Mais, dit-on, c'est dans le cas où la réserve de l'enfant est la plus forte, que la quotité disponible en faveur de l'époux est infé-

rieure à la quotité disponible en faveur d'un étranger.
C'est que dans ce cas surtout, l'excès était à craindre ;
car c'est dans ce cas aussi, que la quotité disponible de
droit commun est la plus forte. On n'a guère à craindre
que, sans de très-sérieux motifs, le père ou la mère
dépouille son enfant unique, de la moitié de ses biens
en pleine propriété au profit d'un étranger, tandis qu'il
pourrait arriver très-souvent qu'il l'en dépouillât au
profit de son conjoint. D'ailleurs, il était parfaitement raisonnable de fixer le disponible entre
époux d'une manière uniforme, et indépendante
du nombre des enfants ; car les besoins de l'époux
survivant, auxquels elle est destinée à subvenir,
sont toujours les mêmes.

— Concluons donc que l'art. 1094, 2ᵉ al. détermine
entre époux une quotité disponible toujours invariable :
un quart en propriété et un autre quart en usufruit, ou
moitié de tous les biens en usufruit seulement.

Cette alternative donnée à l'époux peut paraître
étrange au premier abord ; car le second terme est
nécessairement contenu dans le premier. Aussi avait on
soutenu que les mots : « quart en propriété » devaient
s'entendre d'un quart en nue-propriété ; mais cette idée
a été bientôt abandonnée ; il n'est pas douteux en effet,
qu'il ne s'agisse là d'un quart en pleine propriété On a
d'ailleurs donné de cette alternative une double explication : La première , historique, c'est que dans le
projet Jacqueminot, le disponible était le même en usu-

fruit qu'en propriété (art. 17), quoique l'usufruit vaille beaucoup moins que la propriété, dont il n'est qu'un démembrement. Ce disponible, qui était (art. 16) de 1/4, lorsque le disposant avait des enfants, avait été augmenté d'un autre quart en usufruit pour les libéralités entre époux ; ce qui donnait 1/4 en propriété et 1/4 en usufruit ou 1/4 en usufruit et 1/4 en usufruit (1/2 en usufruit). C'est cette disposition de l'art. 151 du projet Jacqueminot, qui passa sans modification dans l'art. 1094 actuel. La seconde, rationnelle, c'est que le législateur n'a pas voulu que l'époux pût jamais disposer, en faveur de son conjoint, de plus de la moitié de l'usufruit de ses biens (lors même qu'il ne lui laisserait rien en nue-propriété), et prétendre remplacer par une fraction additionnelle d'usufruit, le 1/4 en nue-propriété dont il ne dispose pas.

II. — ASCENDANTS.

« Pour le cas où il ne laisserait point d'enfans , ni « descendans, (l'époux pourra) disposer en faveur de « l'autre époux , en propriété , de tout ce dont il pour- « rait disposer en faveur d'un étranger, et, en outre, de « l'usufruit de la totalité de la portion dont la loi « prohibe la disposition au préjudice des héritiers. » (art. 1094, 1er al.) Ce qui frappe tout d'abord, à la simple lecture de ce premier alinéa comparé au deuxième, c'est qu'à la différence de ce dernier, il se réfère à la quotité disponible de droit commun, pour fixer la quotité disponible entre époux. L'époux qui n'a pas de descendants, peut disposer au profit de son conjoint : 1° de la pleine propriété de la quotité disponible ordinaire ; 2° de l'usufruit de la réserve.

Mais pourquoi cet art. 1094, 1er al., au lieu de dire « au préjudice des héritiers, » ne dit-il pas simplement « au préjudice des ascendants » puisque dans notre Code, il n'y a, à défaut de descendants, que les ascendants qui aient une réserve ? (art. 916). L'explication en est encore historique: C'est que dans le projet Jacqueminot, l'art. 16 accordait une réserve non-seulement aux ascendants, mais encore à beaucoup d'autres parents (frères et sœurs ou leurs descendants, etc.) Aussi l'art. 151 de ce projet, devenu notre art. 1094, avait-il raison d'employer l'expression générale « d'héritiers, » pour éviter de désigner spécialement tous les parents réservataires. Plus tard, on rejeta le système de l'art. 16 ; mais on négligea de modifier l'art. 151 et de remplacer le mot général d' « héritiers » par celui d' « ascendants, » qui eût été plus exact. Du reste, on ne sait pourquoi cette rédaction n'a pas été modifiée par le Conseil d'État ; car le Tribunat en avait fait l'observation (Fenet XII, p. 467).

De la combinaison de notre art. 1094 avec l'art. 915, il résulte que l'époux sans enfants, pourra disposer en faveur de son conjoint : 1° s'il laisse des ascendants dans les deux lignes, de la 1/2 en propriété et de l'autre 1/2 en usufruit ; et 2º s'il ne laisse d'ascendants que dans une ligne, des 3/4 en pleine propriété et de l'autre 1/4 en usufruit. Il y a donc là une faveur pour le conjoint, une addition à son profit à la quotité disponible de droit commun.

Mais il peut paraître singulier que cette augmentation consiste dans l'usufruit de la réserve des ascendants. « Il est véritablement dérisoire, dit M. de Maleville. de « les renvoyer pour la jouissance de leur légitime, à la « mort de leurs gendres ou de leurs belles-filles, qui « ont, moins qu'eux, l'âge d'une génération. »(Analyse raisonnée ; t. III. p. 537.) Cette objection avait été prévue lors de la rédaction du Code, et voici comment y répondait le tribun Jaubert : « Paraîtra-t-il trop « rigoureux de priver les ascendants de l'usufruit de la « réserve? c'est, en quelque sorte, ne laisser la réserve « que pour leurs héritiers. Mais c'est la faveur du ma- « riage.Pourquoi la mort d'un des époux changerait-elle « la position de l'autre, surtout pour des droits qui ne « sont ouverts que par l'interversion du cours de la « nature ? » (Fenet. XII, p. 621.) Mais cette observation n'est pas complétement satisfaisante ; car on peut remarquer que dans ce cas la mort d'un époux, non-seulem nt ne change pas la position de son conjoint, mais l'améliore même singulièrement, puisque ce conjoint survivant aura pour lui seul (outre la part en nue-propriété), un usufruit universel dont il partageait auparavant le bénéfice avec le prédécédé.

Pour justifier cette disposition, on a observé aussi que
« si la loi avait renversé la proposition, et autorisé, au
« profit de l'époux, la disposition de la réserve en nue-
« propriété, la famille du disposant eût été à jamais
« privée de cette portion de ses biens. » (Colmet de
Santerre T. IV, n° 273 bis I.) Mais cette observation, qui
aurait été très-exacte dans le système du projet, qui
accordait une réserve à beaucoup d'autres parents, ne
l'est pas autant dans le système du Code, où la réserve
n'existe qu'au profit des ascendants, et où tous les autres membres de la famille peuvent être à jamais privés
des biens du disposant. C'est donc dans l'intérêt des
ascendants seuls, que la loi défend à l'époux de disposer
en faveur de son conjoint de la nue-propriété de leur
réserve. Et, si l'on accorde aux ascendants une réserve,
il faut que cette réserve soit sérieuse. Or à quoi leur
servira cette réserve d'une nue-propriété dont l'usufruit existe sur la tête de leur bru ou de leur gendre,
plus jeune qu'eux d'une ou plusieurs générations ?
L'ascendant, dira-t-on, vendra sa nue-propriété. Cela
est vrai ; mais qui ne sait qu'une nue-propriété, dont
l'usufruit repose sur une tête jeune, se vend très-mal ?
Et cette position peut être d'autant plus dure pour
l'ascendant que, s'il se trouve dans le besoin, il n'aura
même pas la ressource de demander des aliments à sa
bru ou à son gendre, puisque l'affinité a été détruite
sous ce rapport (art. 206) par le décès de son enfant
(qui ne laisse pas lui-même d'enfant).

III. — NI DESCENDANTS, NI ASCENDANTS.

Enfin dans le cas où l'époux disposant ne laisse ni descendants ni ascendants, il a pu valablement disposer de tous ses biens, en pleine propriété, au profit de son conjoint, comme au profit d'un étranger. (art. 916.) C'est ce qui résulte d'une manière implicite, mais nécessaire, de l'art. 1094, qui n'établit pas de règle spéciale pour cette hypothèse.

Dans le projet Jacqueminot, par suite de la combinaison des art. 16 et 151, l'époux pouvait bien, à défaut de descendants, disposer toujours au profit de son conjoint de la totalité de l'usufruit ; mais quant à la nue-propriété il ne pouvait lui laisser que « la moitié, s'il « laisse des ascendans ou des frères et sœurs, ou des « descendans de frères et sœurs ; les 3/4, s'il laisse des « oncles ou grands-oncles, ou des cousins germains. » (art. 16, 3ᵉ et 4ᵉ al.) D'après le Code, au contraire, à défaut de descendants et ascendants, le conjoint peut recevoir la totalité de la pleine propriété.

Pour justifier cette latitude laissée à l'époux qui n'a ni descendants, ni ascendants, on peut dire que notre droit moderne se préoccupe peu de la conservation des biens dans les familles, et que, dans l'ordre des affec-tions, la première place appartient au conjoint ; qu'il est donc juste, que l'époux puisse disposer au profit de son conjoint, comme au profit de toute autre personne. Mais on peut observer, en sens inverse, que l'affection

conjugale, par son intensité même, peut être quelquefois un danger ; qu'il sera peu à craindre qu'une personne qui a des frères et sœurs, dispose de tous ses biens
en faveur d'un étranger, tandis qu'il pourra arriver
souvent qu'il en dispose au profit de son conjoint; qu'en
réalité, lorsqu'une disposition de tous les biens a été
ainsi faite au faveur du conjoint, en pleine propriété,
c'est presque toujours sa famille, c'est-à-dire une
famille étrangère au disposant, qui profite de la nue-
propriété, que quelquefois même cette libéralité sert de
dot à un second mariage du survivant ; et qu'à ce
point de vue les dispositions en usufruit entre époux,
sont préférables aux dispositions en pleine propriété.

Quoi qu'il en soit de ces considérations, il est certain
que l'époux qui ne laisse ni descendants, ni ascendants,
a, dans notre droit, la même latitude de disposition à
l'égard de son conjoint, qu'à l'égard de toute autre
personne.

IV. — De nombreuses questions peuvent s'élever sur
l'étendue des dispositions faites entre époux ; c'est là
une affaire d'interprétation ; il n'y a, pour ces sortes
de dispositions comme pour toutes autres, aucune formule sacramentelle.

Par exemple, il arrive souvent que l'époux fait au
profit de son conjoint, soit une disposition *universelle,*
soit une donation, ou un legs de *sa quotité disponible,*
ou de *tout ce dont il peut disposer.* Dans des cas de ce

genre, le conjoint aura droit en principe : 1° si l'époux disposant ne laisse ni descendants, ni ascendants, à la pleine propriété de tous les biens ; 2° s'il laisse de ascendants, à l'usufruit de tous les biens, et à la nue-propriété des 3/4 (s'il n'y a d'ascendants que dans une ligne) ou de 1/2 (s'il y a des ascendants dans les deux lignes) ; 3° s'il laisse des descendants, à l'usufruit de la moitié des biens, et à la nue-propriété du quart. Toutefois, ces deux derniers points ont été contestés : On a prétendu exiger une clause expresse, pour enlever à l'ascendant l'usufruit de sa réserve, et restreindre ces dispositions, en présence de descendants, à la 1/2 en usufruit seulement. Mais ces prétentions ne pouvaient être admises ; il est évident qu'en général, quand l'époux a employé une formule du genre de celles que nous avons supposées, il montre la volonté de disposer en faveur de son conjoint jusqu'à la limite la plus extrême, à moins, bien entendu, que le contraire ne résulte des autres dispositions de l'acte, ou des circonstances.

On a supposé aussi le cas, où l'époux aurait reproduit dans sa disposition l'alternative de l'article 1094, 2ᵐᵉ al , sans indiquer à qui appartiendrait le choix. En ce cas (en réservant encore les questions d'interprétation, spéciales à chaque espèce), le choix (si toutefois on peut dire qu'il y ait là un choix à faire) appartiendrait aux enfants, par application du principe des articles 1022, 1191, etc.

Une question plus importante est de savoir si l'époux

peut, en disposant en faveur de son conjoint de l'usufruit portant sur la réserve (des descendants ou ascendants), le dispenser de l'obligation de fournir caution. Nous ne le croyons pas. Sans doute, celui qui dispose d'un droit d'usufruit, peut en général, par l'acte constitutif de l'usufruit (art. 601) dispenser l'usufruitier de cette obligation ; car celui qui pourrait disposer de la pleine propriété, peut à plus forte raison, disposer de l'usufruit avec dispense de caution. Mais ce motif n'est plus applicable dans le cas où l'usufruit porte sur la réserve ; dispenser l'usufruitier de fournir caution, c'est exposer la nue-propriété à une ruine totale ou partielle ; cette dispense ne peut donc être valable que pour les biens dont on a l'entière disposition. Elle ne sera donc pas valable entre époux pour l'usufruit portant sur la réserve. Toutefois, c'est là un point très-discuté. Quoi qu'il en soit, observons que lorsque l'héritier de l'époux disposant est l'enfant du bénéficiaire, celui-ci pourra se trouver dispensé de fournir caution, au moins provisoirement, comme usufruitier légal.

SECTION II

COMBINAISON DE L'ART. 1094 AVEC LES ART. 913-915.

Une question très-discutée, est celle de la combinaison de notre art. 1094 avec les art. 913 et 915, dans le cas où l'époux a fait des dispositions, non-seulement au profit de son conjoint, mais encore au profit d'étrangers.

Ce concours, ou cette collision, de ce que l'on appelle ordinairement les deux quotités disponibles, a donné lieu à de grandes difficultés.

D'abord il est évident que l'époux ne peut disposer à la fois, au profit de son conjoint, de la quotité de biens fixée par l'art. 1094, et au profit d'étrangers, de la quotité de biens fixée par les art. 913-915 ; en effet, si ce cumul était possible, l'époux qui n'aurait qu'un enfant par ex. pourrait le priver, d'abord de 1/4 en propriété et 1/4 en usufruit (1094), puis de 1/2 en propriété (913). La réserve de l'enfant se réduirait donc à 1/4 en nue-propriété ; ce qui est complétement inadmissible.

De même, il est certain que chaque donataire (ou légataire) ne peut recevoir au delà du disponible qui le concerne, que le conjoint ne peut recevoir au delà des limites de l'art. 1094, ni l'étranger au delà des limites des art. 913 et 915. Mais comment combiner ces articles?

Nous croyons, avec M. Réquier, (Revue hist. 1864, p. 97-120) que, pour donner à cette question une solution satisfaisante, il est encore indispensable de se reporter aux travaux préparatoires du Code, et au projet Jacqueminot. Nous avons vu que dans ce projet, la quotité disponible de droit commun (art. 16) était du quart des biens, dans tous les cas où le disposant avait des enfants, quel que fût leur nombre, et que la quotité disponible entre époux, dans ce cas, était comme aujourd'hui, de 1/4 en propriété et 1/4 en usufruit, ou de 1/2 en usufruit. Il est évident que dans le projet encore moins qu'aujourd'hui, l'époux ne pouvait disposer à la fois du 1/4 én propriété en faveur d'un étranger, puis de 1/4 en propriété et de 1/4 en usufruit en faveur de son conjoint ; cette réduction de la réserve à de si étroites limites eût été contraire à l'esprit du projet. Il n'y avait donc pas, dans ce projet, une quotité disponible en propriété pour l'époux, distincte de la quotité disponible de droit commun ; c'était le même quart en propriété, dont l'époux pouvait disposer, soit au profit d'un étranger, soit au profit de son conjoint; seulement, en faveur de ce dernier, il pouvait disposer en outre d'un autre quart en usufruit à prendre sur la réserve des enfants. De même, dans le cas où il y avait d'autres héritiers réservataires, l'époux pouvait disposer en faveur de son conjoint de la quotité disponible ordinaire en propriété, et en outre de l'usufruit de leur réserve. Dans ce projet tout allait donc sans difficulté ; l'époux pouvait, dans tous les cas, donner à son conjoint la propriété de la quotité disponible ordinaire, et en outre l'usufruit soit de la totalité, soit d'un quart de la réserve ; quant à la propriété, le disponible était le même pour tous.

Plus tard on substitua à la quotité disponible fixe du quart, une quotité disponible graduée d'après le nombre des enfants ; tandis que l'on adopta, sans modification, l'art. relatif aux dispositions entre époux.

L'économie du projet se trouva ainsi altérée : il en résulte que l'époux ayant trois enfants ou un plus grand nombre, peut encore disposer en faveur de son conjoint de toute la quotité disponible de droit commun en propriété, mais qu'il ne peut lui en donner qu'une partie, lorsqu'il a un ou deux enfants seulement. Mais il n'en faut pas moins appliquer à notre art. 1094, la pensée qui avait inspiré les rédacteurs du projet ; et de même que, sans aucun doute, dans le 1er al. de cet art. 1094, c'est bien la quotité disponible ordinaire en propriété de l'art. 915, que l'époux peut laisser à son conjoint, en y ajoutant l'usufruit de la réserve ; de même dans le 2e al., c'est la quotité disponible ordinaire en propriété de l'art. 913, que l'époux peut donner à son conjoint en tout ou en partie, en y ajoutant une fraction d'usufruit ; usufruit qui, aujourd'hui, ne portera plus toujours complétement sur la réserve, comme dans le projet, mais qui portera encore sur cette réserve, au moins en partie, lorsqu'il y aura plus d'un enfant.

Lors donc que l'époux fait au profit de son conjoint une disposition en propriété, ce ne peut être que sur la quotité disponible des art. 913 et 915 ; mais si, au contraire, il fait une disposition en usufruit, il peut prendre cet usufruit en tout ou en partie sur la réserve ; et c'est dans ce supplément d'usufruit seulement, que consiste l'avantage fait par l'art. 1094 aux époux.

Nous allons voir l'importance de ce principe, et son application dans les différentes questions agitées en

cette matière. Pour cela, distinguons les quatre hypothèses qui peuvent se présenter :

I. L'époux laisse *un seul enfant.* Dans cette hypothèse, pas de difficulté : d'une manière absolue, l'époux
peut disposer de la moitié de ses biens en propriété ;
d'une manière relative, il peut disposer de toute cette
moitié au profit d'un étranger, et seulement de 1/4 en
propriété et 1/4 en usufruit au profit de son conjoint.
Si donc il a donné par ex. irrévocablement à un étranger, la moitié de ses biens en propriété, il ne peut
plus rien donner à son conjoint, pas plus qu'à aucun
autre ; s'il n'en a donné qu'une partie à cet étranger,
il peut donner le reste à son conjoint, pourvu que ce
reste n'excède pas la quotité fixée par l'art. 1094 ; à
l'inverse, s'il a donné à son conjoint soit le 1/4 en
propriété et le 1/4 en usufruit, soit la 1/2 en usufruit, il
peut encore donner à un étranger soit le 1/4, soit la
moitié en nue-propriété.

II. L'époux laisse *trois enfants ou plus.* Dans cette
hypothèse, l'époux peut disposer à l'égard d'un étranger de 1/4 en propriété, tandis qu'à l'égard de son conjoint, il peut disposer non-seulement de ce quart en propriété, mais en outre de 1/4 en usufruit à prendre sur la
réserve Pour mieux comprendre les difficultés auxquelles
a donné lieu cette seconde hypothèse, faisons une sous-
distinction, suivant la date relative des dispositions :

1° La disposition en faveur du conjoint est postérieure
à la disposition en faveur de l'étranger. Dans ce cas, si

l'époux a donné à un étranger (à un enfant, par préciput,
par ex.) le quart en propriété, le disponible en propriété
se trouve épuisé ; il ne peut donc plus disposer en propriété en faveur de son conjoint ; mais il peut lui
donner le quart d'usufruit à prendre sur la réserve en
vertu de l'art. 1094, usufruit dont il ne pourrait disposer en faveur d'aucun autre. S'il n'a donné à l'étranger
qu'une partie du quart en propriété, il peut donner à
son conjoint ce qui reste de ce quart, et en outre le quart
d'usufruit portant sur la réserve. Sur ce cas, tout le
monde est d'accord.

2° Les deux dispositions, celle faite en faveur de
l'étranger et celle faite en faveur du conjoint, sont
simultanées, c'est-à-dire ont été faites soit dans le
même acte de donation entre-vifs, soit dans le même
testament, soit dans deux testaments différents, (la
date des différents testaments n'étant pas à considérer
en matière de disponibilité et de réduction); par exemple
dans son testament, l'époux, laissant trois enfants, a
légué à l'un d'eux par préciput 1/4 en propriété, et
à son conjoint 1/4 en usufruit; ou bien il a légué
à son enfant 1/4 en nue - propriété, et à son conjoint
moitié en usufruit. Ces dispositions devront être exécutées en entier; il n'y a aucun cumul; aucun des légataires n'a reçu au-delà de son disponible ; et le supplément de disponible du quart en usufruit est attribué
à celui qui pouvait le recevoir, c'est-à-dire au conjoint.

Il n'y a pas lieu d'ailleurs de tenir compte de l'ordre

dans lequel les deux dispositions ont été écrites, soit dans la même donation entre-vifs, soit dans le même testament, ni mêmede la date de différents testaments. En effet, cette place relative dans un même acte n'indique point une préférence de la part du disposant; il en est de même de la différence des dates de confection des testaments, puisqu'ils n'ont tous d'effet qu'au décès. Aussi, voyons-nous l'art. 926 déclarer que tous les legs sont réduits au marc le franc, sans distinguer, ni suivant leur place relative dans le testament unique, ni suivant la date des différents testaments qui les contiennent.

3° La donation de l'époux est antérieure à celle faite à l'étranger. (à un enfant par préciput, par ex.) C'est en ce cas que la discussion est très-vive, et nous connaissons quatre systèmes différents sur ce point :

A. Le premier décide que dans tous les cas « les dis-
« positions faites par l'un des époux, soit au profit de
« son conjoint, soit au profit de tierces personnes,
« doivent être maintenues, tant dans l'intérêt de ces
« dernières, que dans celui du premier, toutes les fois
« que l'ensemble de ces dispositions ne dépasse pas le
« disponible exceptionnel, et que celles de ces disposi-
« tions qui ont été faites au profit de tiers, n'excèdent
« pas le disponible ordinaire..... Il est d'ailleurs indif-
« férent que les dispositions faites au profit de tierces
« personnes, l'aient été en toute propriété ou en usufruit
« seulement. » (Zachariæ, Aubry et Rau, V, § 689, texte

17

et note 19. — *Comp.* Colmet de Sant. IV, 281 bis, V).

B. Le second prétend que la donation faite d'abord à l'époux, doit toujours être imputée sur la quotité disponible de droit commun, et que par conséquent la disposition faite à l'enfant ou à l'étranger ne doit jamais être maintenue, lorsque la donation faite à l'époux épuise ce disponible ; et cela, lors même que la disposition faite d'abord à l'époux consisterait en usufruit ; en ce cas, on estimera cet usufruit, et en général l'usufruit vaut la moitié de la propriété. Par ex. : si la donation faite à l'époux était de moitié en usufruit « le disposant..., du même coup a épuisé le « disponible conjugal et le disponible ordinaire ; d'une « part, il donnait à son conjoint l'usufruit de la moitié, « c'est-à-dire, qu'il lui a donné l'un des deux maximum « établis par l'art. 1094. D'autre part, comme cet usu- « fruit équivaut en général au quart en propriété, il a « consommé le pouvoir qu'il tenait du droit commun « pour avantager un étranger... . Donc, le legs fait à « l'enfant tombe dans le vide » (Troplong. *Donations* IV, n° 2600). C'est le système admis par la jurisprudence (V. les nombreux arrêts cités par M. Demolombe XXIII, n° 524).

C. Le troisième système fait une distinction : « si le « don fait tout d'abord au conjoint est de nature à s'im- « puter sur l'un comme sur l'autre disponible, il s'im- « putera *tout entier* sur le disponible ordinaire ; en sorte « que s'il lui est égal, l'étranger ne pourra plus rien

« recevoir, quand même des valeurs resteraient encore
« disponibles d'après notre chapitre; si, au contraire,
« le don du conjoint n'a pu se faire valablement, que
« d'après les règles exceptionnelles de notre chapitre,
« on ne l'imputera sur le disponible ordinaire que pour
« la partie que les art. 913-916 permettent de donner,
« et non pas pour le tout. » (Marcadé IV, art. 1100,
n⁰ˢ 368 et suiv.)

D. Enfin, le quatrième système propose une autre distinction : « La disposition faite en faveur de l'époux,
« a-t-elle pour objet un droit de *propriété?* Elle doit
« être imputée sur la quotité disponible ordinaire de
« l'art. 913; et elle la diminue d'autant, ou elle l'épuise
« suivant les cas, de sorte que la disposition faite en
« faveur de l'étranger est réductible ou caduque. A-t elle
« au contraire pour objet un droit d'*usufruit?* Elle doit
« être imputée sur la quotité disponible spéciale de
« l'art. 1094, et laisse, en conséquence intacte la quo-
« tité disponible, en propriété, de l'art. 913. » (Demolombe XXIII, n° 520.)

Selon nous, c'est ce quatrième système qui doit prévaloir, et cela est évident, si l'on admet comme nous
qu'il n'y a dans nos articles qu'un seul disponible en
propriété, le même en faveur du conjoint qu'en faveur
de l'étranger. Voyons en effet les divers cas qui peuvent
se présenter :

1° Si l'époux a donné à son conjoint le quart en propriété et le quart en usufruit, il a épuisé à la fois le

disponible en propriété de l'art. 913 et de l'art. 1094, et le supplément d'usufruit à prendre sur la réserve ; par conséquent il ne pourra faire aucune libéralité à un étranger (par exemple à un de ses enfants, par préciput). Cela est vrai dans tous les systèmes.

2° Si l'époux a donné à son conjoint le quart en propriété, il peut encore donner à ce conjoint le quart en usufruit portant sur la réserve, tandis qu'il ne pourrait le donner à un étranger. En cela, nous nous écartons du premier système, d'après lequel au contraire l'époux qui aurait donné à son conjoint un quart en propriété pourrait encore donner à un étranger un quart en usufruit ; car l'ensemble de ces dispositions ne dépasserait pas le disponible exceptionnel, et celle qui a été faite au profit de l'étranger n'excèderait pas le disponible ordinaire. Nous ne pouvons admettre cette solution; car en disposant d'un quart en propriété en faveur de son conjoint, l'époux a épuisé tout ce dont il peut disposer en propriété ; et quant au quart d'usufruit portant sur la réserve, il peut bien le donner encore à ce conjoint, mais il ne peut le donner qu'à lui seul ; en ce qui concerne l'étranger ou l'enfant, cet usufruit n'est pas disponible ; par conséquent la disposition faite à son profit d'un quart en usufruit ne pourra être exécutée.

Mais, objectera-t-on, si les deux dispositions (d'un quart en propriété au profit du conjoint, et d'un quart en usufruit au profit d'un étranger) avaient été faites par un même testament, elles devraient donc être réduites toutes les deux proportionnellement (art. 926), et cependant ni l'une ni l'autre envisagée séparément ne devait être soumise à la réduction ! — Sans aucun doute ; en effet le quart en propriété légué au conjoint porte nécessairement sur le quart en propriété de l'art. 913 qui est le même que celui de l'art. 1094,et le quart en usufruit légué à l'étranger ne peut porter également que sur le disponible de l'art. 913 ; car, en ce qui le concerne, le supplément d'usufruit de l'art. 1094 n'est pas disponible ; le disposant n'a pas en ce cas touché à ce disponible exceptionnel de l'art. 1094 ; les deux legs portant ensemble sur la quotité disponible ordi-naire de l'art. 913, devront être réduits proportionnel-lement, de même qu'ils seraient réduits proportionnel-lement si le legs fait à l'étranger était aussi d'un quart en propriété, au lieu d'être d'un quart en usufruit; car, en ce qui concerne cet étranger, le quart en usufruit qui lui est légué doit être pris sur le disponible ordi-n.ire de l'art. 913,comme le serait le legs d'un quart en propriété

Mais, objectera-t-on encore, si la donation faite à l'étranger d'un quart en usufruit était antérieure à la disposition d'un quart eu propriété au profit du conjoint ?—En ce cas, la disposition faite *au conjoint* étant la dernière, sera réduite (à la nue-propriété du quart), puisque étant faite en propriété, elle porte comme la donation faite à l'étranger, sur la quotité disponible de l'art. 913. Sans doute l'époux, après avoir donné à un étranger un quart en usufruit, aurait pu donner à son conjoint non-seulement la nue-propriété de ce quart, mais encore l'usufruit du quart portant sur la réserve. Mais ce n'est pas ce qu'il a fait. Dans les deux cas « il « y a excès dans le concours de ces deux libéralités ; et « cet excès ne vient pas de leur somme, ni des quan- « tités distribuées ; mais bien de la nature de la dis- « tribution qui en a été faite. » (Benech. p. 265) *Fecit quod non potuit ; quod potuit, non fecit.*

3° Si l'époux a donné à son conjoint l'usufruit de la moitié de ses biens, il lui a ainsi donné à la fois l'usu- fruit du quart disponible de l'art. 913, et le quart d'usu- fruit portant sur la réserve de l'art. 1094 ; il peut donc disposer encore soit en faveur de son conjoint, soit même en faveur d'un étranger (d'un enfant, par exemple), de la nue-propriété du quart disponible de l'art. 913.

D'accord en cela avec le premier et le troisième sys- tèmes, nous nous écartons au contraire du système de la jurisprudence d'après lequel le legs du quart en nue- priété fait à un enfant par exemple, ne devrait pas être exécuté. En effet, dit-on, l'étranger qui recevrait ainsi le quart en nue-propriété, profiterait de l'avantage ac- cordé aux époux par l'art. 1094. — Cela est inexact, puisque l'avantage accordé au conjoint consiste uniquement en ce qu'il peut recevoir le quart d'usufruit por- tant sur la réserve; or, dans notre hypothèse, c'est bien au conjoint qu'est attribué ce quart d'usufruit. L'étranger ne profite pas plus de cet avantage, dans notre hypothèse, qu'il n'en profite, soit dans le cas où l'époux ayant d'abord disposé en sa faveur de ce quart en nue-propriété, dispose ensuite en faveur de son conjoint de l'usufruit de la moitié de ses biens, soit dans le cas où ces deux dispositions ont lieu par le même acte, cas dans lesquels la jurisprudence elle-même maintient les deux libéralités. D'ailleurs cette imputation de l'usufruit donné au conjoint, pour un quart sur la quotité disponible ordinaire,et pour un quart sur la réserve, est parfaitement conforme à l'intention du législateur; car, en accordant à l'époux (qui a trois enfants) le droit de disposer au profit de son conjoint de la moitié de l'usufruit de ses biens,il lui donne nécessairement le droit de faire porter cet usufruit pour un quart sur la réserve.

Aussi, pour arriver à imputer en entier sur la quotité disponible ordinaire la disposition de moitié en usufruit au profit du conjoint, la jurisprudence est-elle obligée de transformer cette disposition, et d'évaluer cet usufruit en propriété. L'usufruit de la moitié des biens vaut, dit-elle, un quart en propriété (l'usufruit étant considéré comme valant la moitié de la propriété) ; par conséquent la disposition de moitié en usufruit faite à l'époux a épuisé la quotité disponible de l'art. 913 ; donc la disposition de 1/4 en nue-propriété, faite ensuite à l'un des enfants, ne peut produire effet. Mais cette assimilation d'un droit d'usufruit à un droit de propriété est complétement arbitraire, et contraire à l'esprit de notre droit. Elle est contraire à l'esprit de l'art. 1094 lui-même, dont l'alternative, singulière au premier abord, s'explique parfaitement par cette idée, que le législateur n'a pas voulu de ces équivalents d'usufruit remplaçant la propriété. Elle est aussi contraire à l'esprit général du Code, qui a cherché autant que possible à éviter les évaluations d'usufruit, toujours si incertaines et si aléatoires. Évaluer l'usufruit, toujours et uniformément à la moitié de la propriété, comme le fait généralement la jurisprudence, est à la fois arbitraire et injuste. L'évaluer dans chaque espèce et selon les circonstances, c'est se jeter volontairement dans ces difficultés et ces incertitudes que le législateur a voulu éviter.

Observons enfin, qu'il est contraire à tous les principes de faire dépendre l'étendue de la quotité disponible de la date des libéralités. Si l'époux avait d'abord donné à l'enfant ce quart en nue-proprieté, puis avait donné à son conjoint la moitié en usufruit, ou même s'il avait fait les deux dispositions par le même acte, le tout serait parfait; la jurisprudence le reconnaît. Pourquoi n'en serait-il pas de même, lorsque la disposition faite au profit du conjoint a précédé celle faite au profit de l'enfant? La loi s'occupe bien de la date des libéralités, pour déterminer dans quel ordre elles seront réduites, lorsqu'il y a lieu à réduction ; mais elle ne s'occupe

que de la qualité des héritiers (art. 922), et non de la
date des libéralités, pour déterminer l'étendue de la
quotité disponible,et pour voir s'il y a lieu à réduction.

D'ailleurs, en ce qui nous concerne, c'est-à-dire pour
les libéralités faites pendant le mariage, l'époux aura
un moyen bien simple, et du reste parfaitement légal,
d'éviter cette difficulté résultant de l'antériorité de la
date de la libéralité faite au conjoint; il commencera
par révoquer cette libéralité de moitié en usufruit,
fera la donation du quart en nue-propriété à l'un de
ses enfants (ou à toute autre personne), et refera ensuite la donation de moitié en usufruit au profit de
son conjoint. Car, ce que la jurisprudence déclare nu',
n'est pas au fond défendu ; ces deux libéralités peuvent
légalement concourir ; tout dépend de leur date ; et
c'est là encore un sérieux argument contre ce système
de la jurisprudence.

4° Si l'époux a donné à son conjoint un quart en
usufruit, il pourra encore donner à un étranger (à un
enfant par exemple) un quart en propriété, en cela
nous nous écartons du troisième système ; car d'après
lui, « toutes les fois que la donation faite d'abord au
« conjoint est de nature à s'imputer aussi bien sur le
« disponible ordinaire que sur l'autre,... la donation a
« frappé nécessairement.... sur le disponible ordi-
« naire. » (Marcadé, IV, n° 368.) Selon nous au contraire, lorsque l'époux dispose en usufruit au profit de
son conjoint, il est tout naturel de penser qu'il a en-

tendu se placer non pas dans le disponible de l'article 913, mais dans le disponible de l'art. 1094 ; et cette imputation est conforme à l'intention du législateur, qui permet à l'époux de faire porter des dispositions en usufruit en faveur de son conjoint, sur une partie de la réserve. Il est encore inexact de dire que l'étranger, à qui est attribué le quart en propriété disponible d'après l'art. 913, profite de l'avantage accordé au conjoint par l'art. 1094, puisque, encore une fois, cet avantage accordé au conjoint consiste en ce qu'il peut recevoir une fraction d'usufruit portant sur la réserve, et que dans notre hypothèse, c'est à lui qu'est attribuée cette portion d'usufruit. D'ailleurs, la plupart des observations que nous présentions sur le cas précédent, sont également applicables dans ce dernier cas.

III. L'époux laisse *deux enfants*. Dans cette hypothèse, l'époux peut disposer à l'égard d'un étranger de 1/3 en propriété, tandis qu'il ne peut toujours donner à son conjoint que 1/4 en propriété et 1/4 en usufruit (ou 1/2 en usufruit seulement). Le disponible en faveur du conjoint est donc supérieur, égal ou inférieur à celui de l'art. 913, suivant la valeur du quart en usufruit. Il lui sera supérieur, si on estime par exemple l'usufruit à moitié de la propriété; égal, si on l'estime au tiers ; inférieur, si on l'estime au dessous du tiers. Aussi, dans ce cas, la difficulté n'en est-elle que plus compliquée, et dans le système de la jurisprudence on est arrivé par exemple, au singulier résultat d'une quotité disponible, différente à la fois de celle de l'art. 913 et de celle de l'art. 1094, et composée, soit de moitié en usufruit et de un douzième en pleine propriété ; (Cass.; 12 janv. 1853) soit de moitié en usufruit et d'un sixième en nue propriété. (Paris, 31 mai 1861.)

Pour nous, au contraire, aucune difficulté. En effet, dans ce cas, l'usufruit de moitié dépassant l'usufruit de de la quotité disponible de $(1/2 - 1/3 = 1/6)$ un sixième, devra nécessairement pour ce sixième être pris sur la réserve.

Par conséquent : 1° Si l'époux a donné à un étranger (à un enfant, par exemple) la quotité disponible de l'art. 913, un tiers en propriété, il pourra encore donner à son conjoint un sixième en usufruit, 2° s'il a donné à son conjoint l'usufruit de la moitié de tous ses biens, il lui a donné l'usufruit de la quotité disponible de l'art. 913, et de plus l'usufruit du sixième à prendre sur la réserve en vertu de l'art. 1094 ; il laisse donc libre la nue-propriété de la quotité disponible de l'art. 913, c'est-à-dire le tiers en nue-propriété dont il pourra disposer au profit d'un étranger. 3° S'il a donné à son conjoint 1/4 en propriété et 1/4 en usufruit, il ne pourra plus rien donner à ce conjoint ; mais il pourra donner encore à un étranger $(1/3 - 1/4 = 1/12)$ le douzième en nue-propriété, qui reste libre sur la quotité disponible de l'art. 913.

Mais, dira-t-on, dans ces deux derniers cas, c'est violer la règle généralement admise que les libéralités réunies ne doivent jamais dépasser le plus fort disponible, puisque les libéralités réunies forment un tiers en pleine propriété et un sixième en usufruit. Cela est vrai Mais cette prétendue règle n'est écrite nulle part dans la loi ; elle a été inventée par la jurisprudence pour opposer une barrière au cumul ; or ce cumul est impossible par la force même des choses, si l'on admet avec nous « que l'art. 1094 ne fait que permettre à « l'époux de donner à son conjoint tout ou partie de la « quotité disponible fixée par l'art. 913, en y ajoutant « dans certains cas, une portion de l'usufruit de la ré- « serve ; il est bien évident que celui qui a déjà donné « cette quotité à l'un de ses enfants en vertu de l'art. « 913, ne pourra plus la donner à son époux en vertu « de l'art. 1094, et réciproquement, puisque ce serait « disposer deux fois de la même chose. » (Réquier, *loc. cit.*)

IV. L'époux ne laisse que des *ascendants*. Il peut donner à un étranger la moitié ou les trois quarts en pleine propriété, (suivant qu'il laisse des ascendants dans les deux lignes, ou dans une seule); il peut donner à son conjoint également cette moitié ou ces trois quarts, et de plus l'usufruit de la moitié ou du quart formant la réserve des ascendants. Nous donnerons donc dans cette quatrième hypothèse des décisions analogues à celles que nous avons données dans la seconde. Par exemple, si l'époux, laissant des ascendants dans les deux lignes, a donné à son conjoint l'usufruit

de tous ses biens, nous n'évaluerons pas cet usufruit
en propriété pour l'imputer sur le disponible ordinaire,
et pour arriver à dire que ce disponible est épuisé ;
nous imputerons cette disposition en usufruit tant sur
le disponible ordinaire que sur la réserve, en vertu de
l'art. 1094 ; par conséquent l'époux pourra encore disposer de la nue-propriété de moitié qui reste libre, soit
au profit de son conjoint, soit au profit d'un étranger,
d'un neveu par exemple.

Observons d'ailleurs, que l'époux peut disposer de
l'usufruit de la réserve au profit de son conjoint, quoique ce ne soit pas à ce conjoint qu'aient été donnés la
moitié ou les trois quarts disponibles en propriété. Cela
a cependant été contesté. On a soutenu, en se fondant
sur les mots « et en outre.... » de l'art. 1094, que le
supplément de cet article n'était qu'un accessoire de la
quotité disponible ordinaire, qui ne pouvait être donné
sans le principal ; que lorsque l'époux a donné à un
étranger la quotité disponible ordinaire, il n'y a pas
lieu de lui accorder ce *crédit supplémentaire*, puisque
ce n'est pas au profit de son conjoint qu'il a disposé de
son *crédit ordinaire*. Mais il est bien évident que l'époux
peut ne donner à son conjoint qu'une portion du disponible de l'art. 1094, et que cet article n'a pas entendu
établir cette unité et cette indivisibilité du disponible
entre époux. Qui peut le plus, peut le moins. Aussi
cette opinion n'a-t-elle pas prévalu.

Mais, a-t-on ajouté, si les deux dispositions étaient

écrites dans le même acte? par exemple un homme, ne laissant pas d'enfants, mais ayant encore sa mère, lègue à un neveu les trois quarts de ses biens en propriété,et à sa femme l'usufruit du quart de la réserve de sa mère. N'est-il pas choquant de voir un homme dépouiller ainsi sa mère de l'usufruit de sa réserve au profit de son conjoint, alors qu'il pouvait facilement gratifier ce conjoint d'un usufruit portant sur le disponible ordinaire? Cela est vrai. Mais, ainsi que l'a très-bien dit, la Cour de cassation (3 janv. 1826), « toutes les fois « qu'une loi est claire, que ses termes ne présentent ni « obscurité ni équivoque, et qu'on ne peut lui opposer « que des considérations, quelque graves que soient « ces considérations, le juge doit l'appliquer telle « qu'elle est écrite, et le droit de la réformer n'appar- « tient qu'au seul législateur. »

SECTION III

ACTION EN RÉDUCTION.

L'action en réduction est la sanction indispensable du droit de réserve. Les dispositions entre époux, lorsqu'elles auront dépassé la quotité disponible, devront donc être réduites; et cette réduction devra se faire en principe d'après les règles ordinaires (art. 920 à 930). Ainsi, c'est seulement à l'époque de l'ouverture de la succession de l'époux disposant, que prend naissance l'action en réduction des libéralités excédant les limites de l'article 1094. Cette réduction ne peut être demandée que par ceux au profit desquels la loi a fait la réserve ; elle ne peut donc être demandée que par les descendants ou ascendants de l'époux disposant ; et pour agir en réduction, il faut qu'ils acceptent la succession ; d'ailleurs, l'action en réduction n'est pas attachée à leur personne ; elle peut être exercée par leurs héritiers ou ayants-cause. De même, pour connaître la quotité de biens dont le défunt a pu disposer, il faut suivre les règles ordinaires, sur la composition de la masse sur laquelle se calcule cette quotité, sur l'estimation des biens qui y sont compris, etc. Nous n'avons donc à examiner sur cette action en réduction que les quelques difficultés spéciales à notre matière.

I. Supposons d'abord que l'époux n'ait fait de dispositions qu'au profit de son conjoint.

1° S'il laisse des enfants, et que les libéralités par lui faites à ce conjoint, dépassent le quart en propriété et le quart en usufruit, ou la moitié en usufruit, elles seront réduites à cette quotité.

Qu'arrivera-t-il lorsque cette disposition excessive aura été faite en usufruit, par exemple, lorsque l'époux aura donné à son conjoint l'usufruit de tous ses biens ? Le conjoint pourra-t-il prétendre que les enfants lui fassent l'abandon du plus fort disponible (un quart en propriété et un quart en usufruit), ou aura-t-il seulement droit à la moitié en usufruit ? En d'autres termes, l'article 917 est-il applicable en notre matière ? Nous ne le croyons pas. Nous invoquerons encore en ce sens les travaux préparatoires. Le projet Jacqueminot fixait le disponible tant en propriété qu'en usufruit, et ce disponible était le même. « La donation en usufruit ne peut » excéder la quotité dont on peut disposer en propriété; « en telle sorte que le don d'un usufruit ou d'une pen- « sion, est réductible au quart, à la moitié ou au trois « quarts du revenu total du donateur, dans les cas ci- « dessus exprimés. — Sans préjudice néanmoins de ce « qui est réglé à l'égard des époux » (art. 17). Aussi n'existait-il dans ce projet aucune disposition analogue à notre art. 917; car la faculté d'option que cet art. éta- blit, très-utile dans un système qui ne fixe le disponible qu'en propriété, n'a aucune utilité dans un système, qui fixe à la fois le disponible en propriété et le disponible en usufruit (ou plus généralement en viager). Notre Code, au contraire, ne fixe le disponible de droit com- mun qu'en propriété ; de là l'article 917. Mais lorsqu'il s'agit des époux, notre Code a conservé le système du projet, dont l'article 151 a passé textuellement dans notre article 1094, et il fixe à la fois le disponible en propriété et le disponible en usufruit ; l'article 917 n'a donc pas à intervenir ici. Observons en second lieu, que si l'on appli- quait cet art. 917 à notre article 1094, l'alternative que ce dernier établit, serait complétement dépourvue de sens ; à quoi servirait d'établir un disponible de moitié en usufruit, si l'époux donataire d'un usufruit supérieur à ce disponible, devait obtenir le quart en propriété et

le quart en usufruit ? Le second terme de l'alternative
serait complétement inutile.

Mais, dira-t-on, pourquoi cette différence entre le
conjoint et un étranger, alors cependant que cette qualité devrait être une faveur ? Nous avons déjà dit que
cette qualité même avait pu nécessiter des règles toutes
spéciales. L'époux, qui dispose au profit de son conjoint,
est facilement porté à étendre sa libéralité au delà des
limites raisonnables ; et cela surtout, quand il s'agit
d'usufruit ; car il n'a pas à craindre alors, que les biens
qu'il donne ne passent à une famille étrangère ou même
à un second époux. Aussi, très-souvent, méconnaîtrait-
on sa volonté en transformant en donation de propriété,
la donation excessive qu'il a faite en usufruit. En second
lieu, la loi, nous l'avons observé déjà, n'a pas voulu que
les enfants pussent être privés de la totalité ou de la
presque totalité de l'usufruit des biens de l'un de leurs
auteurs au profit de l'autre ; en fixant à la moitié des
biens le disponible en usufruit, elle déclare nécessairement réductibles à cette moitié les dispositions d'usufruit qui la dépassent. L'époux peut donner à son
conjoint, s'il le veut, un quart en propriété et un autre
quart en usufruit ; mais s'il ne lui donne que de l'usufruit, il ne peut encore faire porter cet usufruit que sur
la moitié des biens ; il ne peut remplacer par une fraction supplémentaire d'usufruit la nue-propriété du
quart qu'il pourrait donner, si telle était son intention.

Que décider, lorsqu'il s'agit d'une disposition de rente viagère ? En premier lieu, l'opinion que nous venons de combattre, et qui applique l'article 917 à la disposition d'usufruit, l'applique évidemment aussi à la disposition de rente viagère. En second lieu, parmi ceux mêmes qui admettent, comme nous, que l'article 917 ne s'applique pas lorsqu'il s'agit d'un usufruit, il y a des auteurs qui pensent qu'il est applicable, lorsqu'il s'agit de rente viagère. D'abord, dit-on, l'article 1094, ne parle pas de la rente viagère, comme il parle de l'usufruit ; par conséquent, il n'y a aucune raison pour écarter l'article 917 en ce qui la concerne. Ensuite, une disposition de rente viagère est toute différente d'une disposition d'usufruit. Le donataire de rente viagère, est créancier d'une somme toujours la même, et indépendante de la variation possible dans les revenus des biens, et même de la perte de ces biens; il faudrait donc évaluer cette rente, et c'est précisément pour éviter cette évaluation qu'a été fait l'article 917. En troisième lieu, tout en reconnaissant que l'article 917 est inapplicable, on a proposé de faire l'estimation de la rente viagère et de la réduire dans la limite du disponible d'un quart en propriété et d'un quart en usufruit, mais en lui conservant son caractère viager.

Pour nous, nous pensons également que l'art. 917 est inapplicable, mais qu'il faut appliquer ce que l'art. 1094 dit de l'usufruit, à la rente viagère, qui sera réduite jusqu'à concurrence de la moitié du revenu des biens. D'abord l'art. 917 est inapplicable : En effet la loi distingue nettement les libéralités qui ont un caractère perpétuel, de celles qui ne sont que viagères, et qu'elles soumet toutes à l'art. 917. Si cet art. 917 est inapplicable entre époux lorsqu'il s'agit d'un usufruit, il doit en être de même lorsqu'il s'agit d'une rente viagère. C'est ce que prouve encore la comparaison des art. 17 et 151 du projet Jacqueminot. L'art 17 du projet, comme l'art. 917 actuel, mettait sur une même ligne tous les avantages viagers ; il traitait en effet le don de pension, comme le don d'usufruit ; or l'art. 151 ne faisait qu'appliquer entre époux la règle de l'art. 17 ; il s'appliquait donc à la pension comme à l'usufruit ; il doit en être encore de même de notre art. 1094, reproduction exacte de cet art. 151. — Nous ajoutons que la disposition de rente viagère sera réduite jusqu'à concurrence de la moitié des revenus. Il est en effet contradictoire de vouloir à la fois, réduire la rente viagère d'après la valeur de la quotité disponible en perpétuel, et lui conserver son caractère viager. Lorsque l'époux a disposé en viager, il n'a pu disposer que dans la limite de la quotité disponible en viager. Enfin nous avons dit déjà que la loi ne veut pas que les enfants puissent être privés de la jouissance de plus de la moitié des biens de leur auteur prédécédé au profit du survivant ; or cette jouissance ne doit pas pouvoir être atteinte plutôt par une donation de rente viagère que par une donation d'usufruit.

2° Si l'époux ne laisse que des ascendants, il n'y a lieu

à réduction, qu'autant que les libéralités faites au conjoint dépassent en nue-propriété la moitié ou les trois-quarts des biens, (suivant la distinction déjà signalée) ; quant à l'usufruit, il peut être laissé en totalité à ce conjoint.

Si ces ascendants sont les père et mère de l'époux, concourant avec ses frères et sœurs (leurs enfants), ils pourront seuls exercer l'action en réduction, et auront seuls droit à prendre les biens obtenus par cette réduction. Tel est le sens de la fin de l'art. 915.

Mais que décider, si l'époux ayant dépassé la quotité disponible de l'art. 1094, (par exemple ayant légué à son conjoint la pleine propriété de tous ces biens) laissait pour héritiers d'une part des ascendants autres que le père et la mère, et d'autre part des frères et sœurs ? (les premiers, réservataires; les seconds non-réservataires, mais préférés aux premiers dans l'ordre des successions). C'est là une question qui n'est pas spéciale à notre matière, et qui se rencontre toutes les fois que les ascendants autres que le père et la mère, se trouvent en présence de frères et sœurs du *de cujus* et d'un légataire universel. Nous nous bornerons donc à donner la solution que nous croyons devoir être admise. L'action en réduction ne peut être intentée par les ascendants, qu'autant qu'ils sont héritiers. Or ils deviennent héritiers, et ont par conséquent une réserve, dans le cas où les frères et sœurs renoncent; au contraire, ils ne sont pas héritiers, et n'ont par conséquent pas de réserve, si les frères et sœurs ne renoncent pas ; donc ils peuvent intenter l'action en réduction dans le premier cas, et ne le peuvent pas dans le second.

II. Supposons maintenant que l'époux ait fait des dispositions à la fois au profit de son conjoint et au profit d'étrangers.

1° Lorsque ces libéralités n'ont pas la même date, (par exemple, elles ont été faites par différents actes de donations entre-vifs) aucune difficulté; il faudra purement et simplement appliquer l'art. 923 ; et nous avons vu que, malgré leur révocabilité, les donations entre époux ne sont réductibles qu'après les libéralités testamentaires, et à leur date, sauf à examiner en fait si ces donations n'ont pas été révoquées (même tacitement) par les dispositions postérieures ; mais c'est là une question de révocation, et non de réduction.

Observons seulement, que la fin de l'art. 921 d'après laquelle « les donataires, les légataires,... ne pourront « demander cette réduction, ni en profiter » ne fait aucun obstacle à ce que, dans le cas où la donation faite au conjoint dépasse les limites de l'art. 1094, des donataires ou légataires postérieurs puissent se prévaloir de cet excès. Ainsi, un époux, ayant deux enfants, a fait à son conjoint une donation de la moitié de ses biens en propriété; puis par son testament, il a légué à un ami le douzième de ses biens en nue-propriété. La donation qu'il a faite à son conjoint est excessive, puisqu'il ne pouvait lui donner qu'un quart en propriété et un autre quart en usufruit, tandis qu'au profit d'un étranger, il pouvait disposer d'un tiers en propriété. Le légataire pourra demander aux enfants l'exécution de son legs d'un douzième en nue-propriété sur les biens existants dans la succession. Car ce douzième en nue-propriété réuni au 1/4 dont l'époux a pu valablement disposer au profit de son conjoint forme un total égal au tiers. Le légataire en effet ne demande pas à exercer la réduction, ni à en profiter ; ce qu'il prétend, c'est que la réduction ne doit pas l'atteindre, qu'elle ne doit atteindre qu'un autre gratifié. Mais ce légataire, afin d'obtenir l'exécution de son legs, ne pourrait pas s'adresser au conjoint lui-même, et exiger de lui qu'il abandonne les biens dont il est saisi; car ce serait demander la réduction, et en profiter contrairement à l'art. 921.

2° Lorsque les dispositions ont été faites, soit par un même acte de donation, soit par testament, et que la quotité disponible est dépassée, comment opérer la réduction ? Dans le système que nous avons adopté, sur la combinaison de l'art. 1094 avec les art. 913-915, aucune difficulté.

Par exemple dans son testament, un époux, qui a trois enfants, lègue à son conjoint un quart en propriété et un quart en usufruit, et à un enfant par préciput un quart en propriété. En ce cas, le conjoint prélèvera le quart d'usufruit portant sur la réserve, usufruit qui, à l'égard de l'enfant est indisponible. Il viendra ensuite au marc le franc, avec l'enfant sur le quart en propriété qui est disponible pour l'un et pour l'autre, (chacun, pour leur quart en propriété). Ils subiront donc tous deux une réduction proportionnelle (art 926). De même, si l'époux par son testament, a légué à son conjoint moitié en usufruit, et à un enfant par préciput un quart en propriété : l'époux prélèvera la portion d'usufruit portant sur la réserve (le quart) ; puis, sur le quart en propriété de l'art. 913 il concourra (pour son autre quart en usufruit) avec l'enfant (pour un quart en propriété), et la réduction proportionnelle se fera entre eux, comme elle se ferait entre deux légataires étrangers.—Tout cela va de soi dans notre système, puisque nous admettons que le disponible en propriété que l'époux peut donner à son conjoint en vertu de l'art. 1094 est le même (sauf l'étendue, qui peut quelquefois être moindre), que celui qu'il peut donner à un étranger en vertu des art. 913-915.

Cette question de la réduction est au contraire pleine de difficultés dans les systèmes dissidents (et c'est encore là un argument en faveur du nôtre). En effet, pour eux, la réduction doit s'opérer sur deux dispositions, dont chacune est soumise à une quotité particulière, et cette réduction doit cependant être proportionnelle (art. 926). Aussi dans l'alternative, soit de traiter trop bien celui des légataires qui n'a droit qu'au plus faible disponible, soit de traiter trop mal celui qui a droit au plus disponible le plus fort, sont-ils obligés d'en arriver à des combinaisons plus ou moins compliquées sur lesquelles nous ne nous arrêterons pas. (V. Marcadé IV. n° 372-375.)

Dans tout ce qui précède, nous avons toujours supposé des dispositions de moitié, de quart, etc. c'est-à-dire, de quotes-parts soit de la propriété, soit de l'usufruit de tout le patrimoine. Mais tous les principes que nous avons posés, s'appliqueraient également à des dispositions portant, soit sur une quote-part des meubles ou des immeubles, soit sur des objets déterminés, etc. Observons seulement que des dispositions de ce genre peuvent souvent donner lieu à des difficultés toutes spéciales, dans le détail desquelles nous ne pouvons évidemment entrer.

CHAPITRE TROISIÈME

SECONDS MARIAGES.

L'art. 156 du projet Jacqueminot (art. 161 du projet de la commission du gouvernement de l'an VIII.) reproduisait en substance les deux dispositions de l'édit des secondes noces : « L'homme ou la femme qui con-
« vole à de secondes ou subséquentes noces, ayant
« enfans ou descendans d'un précédent mariage, ne
« peut donner à son nouvel époux qu'une part d'enfant
« légitime, le moins prenant, et en usufruit seulement.
« — Il ne peut disposer, à titre gratuit ni onéreux,
« des immeubles qu'il a recueillis, à titre de don, de

« son époux, ou de ses époux précédens, tant que les
« enfans issus des mariages desquels sont provenus
« ces dons existent, sauf ce qui sera dit au titre des
« successions sur le partage desdits biens. »

Mais on supprima ensuite le second al., soit parce qu'il
contenait une substitution, soit parce qu'il établissait
une inégalité entre les enfants des différents lits. Le
premier al. fut au contraire conservé, et (après avoir
subi quelques modifications dont nous avons l'historique plus haut,) est devenu notre art. 1098 actuel, dont
il faut rapprocher les art. 1496 2ᵉ al. et 1527 2ᵉ al.
édictés également dans l'intérêt des enfants d'un
premier lit, en cas de second mariage de leur auteur
survivant.

I. — RESTRICTION APPORTÉE AU DISPONIBLE ORDINAIRE ENTRE ÉPOUX.

« L'homme ou la femme qui, ayant des enfans d'un
« autre lit, contractera un second ou subséquent ma-
« riage, ne pourra donner à son nouvel époux qu'une
« part d'enfant légitime le moins prenant; et sans que,
« dans aucun cas, ces donations puissent excéder le
« quart des biens. »

Cet art. 1098 apporte une triple restriction au disponible entre époux, dans le cas où l'époux disposant
laisse des enfants d'un précédent mariage : 1° Le disponible, en ce cas, n'est jamais que « d'une part d'en-

fant. » Pour fixer cette part d'enfant, il faut, en supposant que la succession se partage également entre les enfants, compter le second conjoint comme un enfant de plus. Ainsi, lorsque l'époux remarié laisse cinq enfants, la quotité, dont il aura pu disposer au profit de son nouveau conjoint, sera d'un sixième ; 2° Une part d'enfant « le moins prenant, » ajoute l'art. 1098. Aujourd'hui que le partage se fait également entre tous les enfants, sans distinction de sexe ni primogéniture, ces mots ne peuvent plus s'appliquer que dans le cas où l'un des enfants aura été avantagé de tout ou partie de la quotité disponible, par préciput. Alors, les libéralités faites au second conjoint ne pourront dépasser la part des autres enfants. D'ailleurs, il est bien certain qu'il faut s'attacher, non pas à la part que l'enfant le moins prenant recueille en fait, mais à la part qu'il a le droit de recueillir ; l'étendue de la libéralité faite au nouveau conjoint ne doit pas dépendre du fait de l'un des enfants, qui se contente d'une part inférieure à celle qu'il peut réclamer. Cette solution, déjà généralement admise dans l'ancien droit, ne saurait faire difficulté aujourd'hui ; 3° Cette part d'enfant ne peut jamais « excéder le quart des biens. » Cette dernière restriction est de droit nouveau ; elle n'existait pas dans le projet, qui n'accordait au second conjoint une part d'enfant qu'en usufruit ; elle y fut ajoutée sur l'observation de Berlier, (ainsi que nous l'avons vu), à la suite de la proposition faite par Cambacérès d'accorder au conjoint une part d'enfant en propriété. Sous ce rapport, le droit moderne est donc plus restrictif que l'ancien droit.

Cette restriction apportée par l'art. 1098 au disponible ordinaire entre époux, n'est pas une peine contre les seconds mariages ; le seul but du législateur a été de veiller à l'intérêt des enfants du premier lit, intérêt que pourrait gravement compromettre le second mariage de leur auteur. Aussi la condition nécessaire pour que cet art. 1098 soit applicable, c'est que « l'homme « où la femme qui contracte un second ou subséquent « mariage, » ait, ou plutôt laisse, à son décès, « des « enfans d'un autre lit. » En effet le but de la loi étant de protéger les droits héréditaires de ces enfants d'un autre lit, c'est nécessairement au décès de l'époux remarié, qu'il faut se placer pour examiner s'il existe des enfants d'un précédent mariage.

Par « enfans » il faut entendre tous les descendants à quelque degré qu'ils soient, alors même qu'ils ne seraient pas nés lors de ce second mariage;(par exemple un père était veuf, lorsque son fils vient à mourir laissant sa femme enceinte ; il se remarie ; puis sa bru accouche ; son petit-enfant pourra invoquer l'art. 1098). Il faut comprendre sous ce mot, les enfants légitimés par un précédent mariage, comme les enfants égitimes qui en sont nés ; car les enfants légitimés par mariage ont les mêmes droits que les enfants issus de ce mariage. En ce qui concerne l'enfant adoptif, la question de savoir s'il peut invoquer l'art. 1098, (lorsque l'adoptant se

marie ensuite), est discutée. Il est bien certain au contraire que les enfants naturels ne peuvent pas l'invoquer ; cela résulte des motifs et du texte lui-même de
cet article : « une part d'enfant légitime. »

Du but de la loi, il faut également conclure, que si
tous les enfants ou descendants du second lit renon-
çaient à la succession de leur auteur remarié, ou en
étaient exclus comme indignes, l'art. 1098 serait encore
inapplicable ; car cet art. n'aurait plus sa raison
d'être.

L'art. 1098 s'applique, non-seulement lorsqu'il existe
des enfants d'un premier lit, mais toutes les fois qu'une
personne qui laisse des enfants d'un « autre » lit a
contracté un « second ou subséquent mariage. » Les
raisons sont en effet au moins les mêmes pour protéger les enfants du deuxième lit contre un troisième
mariage, etc., que pour protéger ceux du premier lit
contre un deuxième mariage.

Observons d'ailleurs, que l'art. 1098 ne restreint la
faculté de disposer qu'à l'égard du nouveau conjoint.
Par conséquent, l'époux, qui se trouve dans le cas de
cet article, n'en a pas moins la faculté de disposer dans
les limites de la quotité disponible ordinaire, à l'égard
de toute autre personne, (sauf l'application de la présomption de l'art. 1100) notamment au profit des enfants issus de son précédent mariage, ou même des enfants communs. Ce dernier point, déjà admis généralement dans l'ancien droit, est incontestable aujourd'hui.

Mais une question assez discutée est de savoir, dans quelle limite ce veuf ou cette veuve qui, ayant des enfants, contracte plusieurs mariages successifs peut disposer au profit de ses nouveaux époux? Dans l'ancien droit, nous avons vu que l'on s'accordait généralement pour décider qu'une part d'enfant était le maximum disponible en faveur de tous les nouveaux époux collectivement. Mais cette solution n'est pas admise universellement dans notre droit moderne: 1° Un premier système, se fondant sur la différence de rédaction qui existe entre l'Édit et l'art. 1098, décide que tous les nouveaux époux peuvent recevoir ensemble la quotité disponible ordinaire, pourvu que chacun d'eux ne reçoive pas au delà d'une part d'enfant, ni au delà du quart. En effet, dit-on, l'édit défendait aux veuves ayant enfants de donner « à leurs nouveaux maris » etc. ; au contraire, l'art. 1098 « se borne à défendre à l'homme « ou à la femme ayant des enfants d'un autre lit et qui « contracte un second ou *subséquent* mariage, de don- « ner à son nouvel époux au delà d'une part d'enfant « légitime le moins prenant, sans que jamais cette part « puisse excéder le quart. »... Rien n'empêche donc « par exemple, qu'un veuf ayant un enfant donne le « quart à sa seconde épouse, et puis un autre quart à « une troisième. » (Duranton, IX, n° 804) ; 2° un second système s'appuie aussi sur cette différence de rédaction, mais en tire une autre solution. La substitution de l'expression individuelle (son nouvel époux) à l'expression

collective (leurs nouveaux maris) « nous autorise à pen-
« ser qu'on a voulu accorder le droit de donner une
« part d'enfant à chaque nouvel époux. Seulement, la
« restriction contenue dans la fin de l'article, em-
« pêchera le cumul de ces parts de devenir trop pré-
« judiciable aux enfants ; toutes ces libéralités réunies
« ne pourront excéder le quart des biens. La seconde
« donation par conséquent devra être réduite à la dif-
« férence entre la part d'enfant précédemment donnée,
« et le quart du patrimoine » (Colmet de S., IV,
278 bis, xi); 3° Enfin le troisième système, que nous
« préférons, décide que « le veuf avec enfants ne peut
« aujourd'hui, sous l'empire du Code, comme autrefois
« sous l'empire de l'Édit, donner à tous ses nouveaux
« conjoints ensemble qu'une part d'enfant le moins
« prenant. » (Demolombe, XXIII, n° 572.) En effet la
rédaction de l'art. 1098 n'est pas décisive ; si cet article ne dit pas comme l'édit « à leurs nouveaux maris»,
il ne dit pas non plus « à chaque nouvel époux » ; et
cette rédaction est incomplète, puisqu'on ne trouve dans
la phrase « ne pourra donner à son nouvel époux » rien
qui corresponde à l'expression « subséquent mariage ».
D'ailleurs, n'est-il pas naturel d'appliquer encore la solution admise autrefois, alors que rien ne démontre que
les rédacteurs du Code aient entendu innover sur ce
point, alors surtout que par la limitation du « quart »,
ils se montrent plus sévères que l'édit lui-même. Enfin,
cette interprétation est confirmée par les travaux pré-

paratoires, par l'exposé des motifs fait sur notre article par M. Bigot-Préameneu (V. Fenet, XII, p. 573).

II.—LIBÉRALITÉS ET AVANTAGES AUXQUELS S'APPLIQUE CETTE RESTRICTION.

Il est bien certain, que l'art. 1098 s'applique à
toutes les libéralités faites par l'époux à son nouveau
conjoint ; il s'applique aux libéralités testamentaires, comme aux donations entre-vifs; aux donations
par contrat de mariage, comme aux donations faites
pendant le mariage; il faudrait même l'appliquer aux
donations faites avant le mariage, et en dehors du contrat, s'il était prouvé qu'elles aient été faites en vue du
mariage déjà projeté à ce moment; « sans cela, il y aurait une voie ouverte pour éluder l'Édit » disait Pothier
(Cont. de Mar. n° 548). — Il s'applique aux libéralités à
titre particulier, comme aux libéralités à titre universel. Il ne faut pas en effet conclure de la rédaction de
l'art. 1098 : « ne pourra donner qu'une part d'enfant,
etc, » que la libéralité faite au nouvel époux doive nécessairement avoir pour objet cette part d'enfant. L'art.
1098 a seulement pour but de déterminer la mesure de
la libéralité ; mais, dans cette mesure, la libéralité peut
porter sur les biens présents comme sur les biens à venir, par ex. sur un objet déterminé, sur une somme d'argent, etc ; sauf la réduction, s'il y a lieu, lors du décès.

Toutefois, en pratique, la donation « d'une part d'en-

fant » est très-usitée entre époux, en cas de second mariage. Cette libéralité a toujours été considérée comme
caduque par le prédécès du donataire, alors même
qu'elle a eu lieu dans la forme d'une donation entre-
vifs; car c'est une donation de biens à venir.

Ajoutons que certains avantages, qui en principe ne
sont pas imputables sur la quotité disponible, sont au
contraire imputables sur le disponible de l'art. 1098.
Ce sont les avantages qui peuvent résulter des conventions matrimoniales ; ces avantages, en général, ne
sont pas considérés comme des libéralités ; il en est
autrement en cas de second mariage ; cette exception
nous vient de l'ancien droit, qui l'avait admise afin de
protéger plus énergiquement la réserve des enfants du
premier lit. Tout avantage, qui résulte au profit du nouveau conjoint de ses conventions matrimoniales avec
l'époux remarié, est soumis à l'art. 1098; peu importe
d'ailleurs que ce résultat ait été intentionnel ou non,
qu'il provienne de ce que les époux ont adopté expressément tel régime plutôt que tel autre, ou de ce que,
n'en adoptant aucun, ils se sont trouvés mariés sous
le régime de la communauté légale. Car l'époux qui,
ayant une fortune mobilière considérable, et se rema-
riant avec une personne dont la fortune est immobilière, ne fait pas de contrat de mariage, et adopte ainsi
tacitement le régime de communauté légale, fait à
son nouveau conjoint un avantage aussi évident que
celui qui par ex.. ayant déjà une fortune mobilière

égale à celle de ce nouveau conjoint, ameublirait en outre par une clause expresse toute sa fortune immobilière. — C'est ce que prévoit l'art. 1496, le dernier qui s'occupe de la communauté légale : « si toutefois « (2 al.) la confusion du mobilier et des dettes opérait « au profit de l'un des époux, un avantage supérieur « à celui qui est autorisé par l'art. 1098,..... les « enfants du premier lit de l'autre époux auront l'ac- « tion en retranchement. » On s'était demandé autrefois, si cela était applicable même à l'avantage résultant pour le nouvel époux, des successions ou donations mobilières échues pendant le mariage à l'époux remarié, alors qu'ils sont mariés sous le régime de communauté légale. Pour la négative, on faisait observer qu'il n'y a pas là un fait volontaire de l'époux, etc. Mais cette solution négative, déjà critiquable dans l'ancien droit, ne serait plus admissible aujourd'hui, par suite de la comparaison de l'art 1527, 3ᵉ al. à l'art. 1496 :

« Néanmoins, dans le cas où il y aurait des enfans d'un « précédent mariage, toute convention qui tendrait *dans* « *ses effets* à donner à l'un des époux au delà de la por- « tion réglée part l'art. 1098, sera sans effet pour tout « l'excédant de cette portion; mais les simples bénéfi- « ces résultant des travaux communs, et des économies « faites sur les revenus respectifs quoique inégaux, des « deux époux, ne sont pas considérés comme un avan- « tage fait au préjudice des enfans du premier lit. »

III. — DÉTERMINATION DE LA PART D'ENFANT.

Pour fixer la part d'enfant, que ne peuvent dépasser les libéralités faites au nouveau conjoint , il faut, nous l'avons dit, le considérer comme un enfant de plus. Pour cela, il faut compter tous les enfants que laisse l'époux remarié, non-seulement ceux issus de son premier mariage, mais au-si ceux issus du second ; les descendants issus d'un enfant prédécédé ne sont comptés que pour une seule tête ; et cela, sans qu'il y ait à distinguer suivant que ces descendants viennent par représentation ou de leur chef. Par conséquent, si l'époux ne laissait que des petits-enfants issus d'un enfant unique (du premier lit) prédécédé, la quotité disponible en faveur du nouveau conjoint serait d'un quart, et non pas d'une part de petit-enfant. La solution contraire, admise dans l'ancien droit, et que favorisaient un peu les expressions de l'Édit,ne serait plus admissible aujourd'hui.—Il est bien évident qu'il faut compter les enfants légitimés comme les enfants légitimes, et même l'enfant adoptif.

Il ne faut d'ailleurs compter que les enfants qui acceptent la succession de l'époux disposant ; on ne tiendra pas compte des renonçants ou indignes.

Pour déterminer cette part d'enfant, il faut commencer par distraire de la masse le montant des dispositions faites soit en faveur d'un étranger, soit en faveur de l'un ou de plusieurs des enfants avec dispense de rapport. De même, s'il y a des enfants naturels, il faut distraire de la masse, la portion de biens à laquelle ils ont droit d'après l'art. 757, de telle sorte qu'elle soit supportée proportionnellement par le nouveau conjoint et les enfants légitimes.

Dans le cas où les donations faites aux enfants sont de simples avancements d'hoirie, le nouveau conjoint a le droit d'exiger, pour le calcul de sa part, la réunion fictive à la masse de ces donations. Il n'y a là rien de contraire à l'art. 857 ; car le conjoint ne demande pas le rapport réel, et ne prétend à aucun droit sur les biens donnés ; il ne demande qu'un rapport fictif, afin de fixer la part d'enfant à laquelle il a droit.

De même, le nouveau conjoint peut demander la réunion fictive à la masse, du montant de la réduction à laquelle seraient sujettes les dispositions faites soit en faveur d'un étranger, soit en faveur d'un enfant par préciput ; ici encore il ne demande pas la réduction, et ne prétend à aucune portion des biens donnés, ce qui serait en effet contraire à l'art. 921 : mais il prétend seulement qu'il ne doit pas subir de réduction, ou qu'il doit subir une réduction moindre, parce que cette réduction doit atteindre une autre libéralité.

Cette part d'enfant doit être calculée de la même manière, soit que l'époux ait disposé d'une part d'enfant, soit qu'il ait fait toute autre disposition, et par ex.

une donation de biens présents. Seulement, dans ce
dernier cas, il faut, pour faire la masse sur laquelle
doit se calculer cette part d'enfant, y réunir les biens
reçus par le nouveau conjoint. (Art. 922.) Le système
contraire enseigné par Troplong (Donat. et Test. IX.
n° 2706 et suiv.), est complétement inadmissible, puisqu'il violerait à la fois l'art. 922 et l'art. 1098, en donnant au conjoint une part d'enfant calculée, non pas
sur la masse héreditaire, mais sur les biens existants
seulement. Ici encore, on ne peut invoquer l'art. 921.
Le nouveau conjoint ne demande pas la réduction ; il
soutient au contraire qu'il n'y a pas lieu à réduction au-
delà de la part d'enfant qu'il peut recevoir. Au surplus,
il serait bien singulier que le nouveau conjoint eût
moins, lorsqu'il lui a été donné des biens présents (et
à plus forte raison lorsqu'il a été fait à son profit une
disposition universelle), que lorsqu'il lui a été donné
une part d'enfant. Il ne peut d'ailleurs être question
ici de peine infligée au donateur et au donataire qui auraient voulu se faire une libéralité excessive : d'abord,
en droit, cette idée de peine est arbitraire ; la seule
action qui résulte de l'excès d'une donation, c'est l'action en réduction ; puis, en fait, cette considération
n'a même aucune portée, lorsque la donation a été
d'un objet déterminé, dont la valeur pouvait être très-
inférieure à une part d'enfant au moment de la donation.

Nous avons vu que dans notre ancien droit, il y avait

divergence sur l'étendue de la donation « d'une part d'enfant», dans le cas où l'époux remarié mourait sans enfant. Cela doit être, avant tout, aujourd'hui comme autrefois, une question d'interprétation. Mais, à défaut de volonté contraire, résultant de l'acte ou des circonstances, on décide généralement que, dans ce cas, le nouveau conjoint n'aura droit qu'au quart des biens, c'est-à-dire au maximum de ce que pouvait être cette part d'enfant qui lui a été donnée.

IV. — ACTION EN RÉDUCTION.

La règle qu'établit l'art. 1098 est sans aucun doute, malgré la forme de sa rédaction, une règle non de capacité personnelle, mais de disponibilité réelle ; il n'y a pas là une peine contre les seconds mariages, mais une protection accordée par la loi aux enfants d'un autre lit, dont la situation exigeait des garanties spéciales; dans ce but, elle restreint la quotité de biens dont l'époux remarié peut disposer au profit de son nouveau conjoint, et établit au profit des enfants de l'autre lit un supplément de réserve. C'est donc au décès de cet époux, qu'il faut se placer pour apprécier le sort de la disposition faite au nouveau conjoint; cette disposition n'est pas nulle ; elle est seulement réductible.

Aussi les enfants du premier lit n'ont-ils, du vivant de leur auteur, aucune action à raison des libéralités exces-

sives qu'il aurait faites à son nouveau conjoint ; ce n'est
en effet qu'à l'époque « de l'ouverture de la succession » (art. 920) que le droit de réserve, et par conséquent l'action en réduction prend naissance. De même,
après la mort de l'époux remarié, aucune action ne
peut naître en la personne des enfants du premier lit,
qu'autant qu'ils deviennent héritiers ; si donc ils renoncent à la succession, ou en sont exclus comme indignes,ils ne pourront attaquer les libéralités excessives
faites au nouveau conjoint. L'opinion contraire, conforme à l'ancienne doctrine, a cependant été soutenue ;
mais cette opinion, qui déjà dans l'ancien droit était
très-contestable, est complétement inadmissible aujour-
d'hui. Car c'est aujourd'hui une règle certaine, que la
réserve n'est que la portion indisponible de la succession, et que les réservataires n'y ont droit qu'en qualité d'héritiers. Les enfants du premier lit ne peuvent
donc prétendre à la réserve établie à leur profit par
l'art. 1098, qu'autant qu'ils se portent héritiers. Les
arguments que Pothier invoquait en sens contraire, et
la distinction qu'il faisait entre les renonçants et les indignes, ne peuvent prévaloir contre les principes généraux.

Il faut appliquer encore à cette action en réduction
les règles ordinaires (art. 920-930). Elle est donc
transmissible aux héritiers ; la réduction obtenue ne
profite ni aux donataires ou légataires, ni aux créanciers du défunt (921) ; elle peut être exercée même

contre les tiers détenteurs des immeubles donnés (929-930), etc. De même l'art. 917 devra être appliqué en ce cas : en effet l'art. 1098 ne détermine pas comme l'art. 1094 la mesure dans laquelle les dispositions d'usufruit devraient être réduites ; la nécessité d'une évaluation pouvant alors se présenter, il y a lieu d'appliquer l'art. 917, dont le but est d'éviter cette évaluation.

Il est évident ici que l'époux ne peut à la fois donner, à un étranger le disponible ordinaire, et à son nouveau conjoint le disponible de l'art. 1098 ; car ce disponible de l'art. 1098 est le même que celui de l'art. 913, si ce n'est qu'il peut se trouver plus restreint dans sa mesure.

Lorsqu'il y a lieu à réduction des libéralités faites par l'époux remarié, soit à son nouveau conjoint, soit à des étrangers, il faut également appliquer les art. 923 et s.; il y aura lieu seulement de tenir compte de la restriction apportée au disponible en ce qui concerne le nouvel époux. Si donc il s'agit de dispositions testamentaires, il faudra appliquer l'art. 926, et réduire proportionnellement les legs faits au nouveau conjoint et aux étrangers; sauf, dans le cas où la disposition en faveur du premier dépasserait les limites de l'art. 1098, à la restreindre tout d'abord dans ces limites. S'il s'agit de donations entre-vifs, application de l'art. 923 : Supposons d'abord que les donations faites à des étrangers sont les plus anciennes, l'époux n'a pu donner à son nouveau conjoint que ce qui restait libre sur la quotité disponible, et encore faut-il que ce reste ne dépasse pas les limites de l'art. 1098. Supposons ensuite que la donation faite au nouveau conjoint est antérieure: si cette donation n'a pas dépassé le disponible de l'art. 1098, l'époux remarié a pu sans aucun doute disposer au profit d'un étranger de la différence entre ce disponible et le disponible ordinaire; si elle a dépassé ce disponible de l'art. 1098, les libéralités postérieurement faites aux étrangers devront encore, dans la limite de cette différence, être maintenues à leur profit, ou même exécutées sur les biens existants dans la succession, (sauf aux enfants à exercer l'action en réduction contre le nouveau conjoint). En effet, si les enfants prétendaient exercer contre le donataire ou légataire postérieur l'action en réduction, celui-ci serait fondé à leur répondre que ce n'est pas contre lui que doit être intentée cette action ; et nous avons vu qu'il n'y a là rien de contraire à l'article 921. Il ne résulte pas de l'art. 921, que les légataires ou donataires ne puissent, pour se défendre contre l'action en réduction, prétendre que l'héritier réservataire doit diriger cette action contre d'autres, et non contre lui ; il en résulte seulement qu'ils ne peuvent, en aucun cas, prétendre à obtenir pour eux les biens provenant de la réduction que d'autres auraient subie.

C'est dans l'intérêt des enfants du premier lit, que

l'art. 1098 a été établi; c'est donc à eux qu'appartient directement l'action en réduction des libéralités qui en excèdent le taux ; cette action ne peut donc s'ouvrir qu'en leur personne, et elle ne s'ouvrirait pas dans la personne des enfants du premier lit, si tous ceux du premier étaient prédécédés, renonçants ou indignes.

Mais, lorsque les enfants du premier lit ont survécu à leur auteur, acceptent sa succession, et exercent l'action en réduction, les enfants du premier lit profitent de la réduction ainsi obtenue ; car elle fait rentrer les biens donnés dans la succession, et cette succession doit se partager également entre tous les enfants, « encore qu'ils soient issus de différents mariages. » (art. 745.).

Mais les enfants du second mariage ont-ils, en outre, le droit de demander eux-mêmes cette réduction, lorsque les enfants du premier lit, ayant accepté la succession, négligent de l'exercer ? Cette question est discutée ; dans le sens de la négative on a dit : « de ce que « les enfants du nouveau mariage, en leur qualité d'hé-« ritiers, ont le droit de prendre leur part des biens « d'abord donnés, quand ces biens sont réunis dans la « succession, il ne s'ensuit nullement qu'ils aient le « droit de les y faire mettre. Pour faire rentrer ces « biens dans la succession, il faut faire opérer le re-« tranchement de la donation ; pour faire opérer ce re-« tranchement, il faut attaquer la donation comme ex-« cessive ; mais pour critiquer une libéralité comme

« excédant telles limites, il est clair qu'il faut être du
« nombre de ceux au profit desquels ces limites ont
« été posées. » (Marcadé — IV, art. 1098, V.) Mais nous
préférons l'opinion contraire, plus généralement admise.
Dès que le droit de poursuivre la réduction s'est ou-
vert dans la personne des enfants du premier lit, il se
communique aux enfants du second mariage, qui peuvent la demander directement lorsque les enfants
du premier lit refusent ou négligent de le faire. L'action en réduction, née en la personne des enfants du
premier lit, doit appartenir aux enfants, du second
comme à ceux du premier ; car elle fait partie de la
succession ; or il est évident que la négligence des enfants du premier lit à demander la réduction, ne doit
porter aucun préjudice aux enfants du second. On ne
peut invoquer du reste en sens contraire l'art. 1496
dont nous avons rapporté la disposition, et qui accorde
expressément l'action en réduction aux « enfants du
premier lit », sans parler des enfants du second. Par
cette formule, cet art. n'entend certainement pas refu-
ser l'exercice de cette action en réduction aux enfants
du second lit, lorsqu'elle s'est ouverte dans la personne
des enfants du premier lit.— Telle était d'ailleurs la solution déjà admise dans notre ancien droit coutumier,
et elle doit d'autant mieux être maintenue aujourd'hui,
qu'elle est conforme aux principes de notre droit moderne.

POSITIONS

—

DROIT ROMAIN.

I.— La prohibition des donations entre époux est postérieure à la loi Cincia.

II. — La tradition de la chose donnée par l'un des époux à l'autre en violation de la prohibition, conférait néanmoins au donataire la *possessio ad interdicta*.

III.— La prohibition ne s'appliquait pas à la donation d'une chose dont l'époux donateur n'était pas propriétaire, lorsque ce donateur n'était pas lui-même en position d'usucaper.

IV. —L'acceptilation faite *donationis causa* par un époux créancier à son conjoint débiteur *correus* avec un tiers, était nulle; faite au *correus promittendi*, elle produisait à son profit l'effet d'un pacte *de non petendo*, tandis qu'elle était nulle à l'égard du conjoint, à moins que son *correus* et lui ne fussent *socii*.

V.— Lorsque la femme, ayant reçu d'un tiers un immeuble appartenant à son mari, et le possédant *ex justa causa* et *bona fide*, reconnaissait, avant l'usucapion accomplie, que son mari était le véritable propriétaire, et lorsque celui-ci, par une abstention calculée, omettait de revendiquer, l'usucapion au profit de la femme se trouvait interrompue.

VI. — Si, au contraire, la femme restant de bonne foi le mari seul apprenait qu'il est propriétaire, et négligeait à dessein d'intenter l'action en revendication, la femme continuait à usucaper ; mais elle était soumise à une *condictio* pour restituer ce dont elle s'était ainsi enrichie.

VII. — L'interdiction faite au mari, de restituer la dot à la femme pendant le mariage, ou de lui abandonner les fruits et intérêts dotaux, n'avait pas son fondement, dans la prohibition des donations entre époux.

VIII. — Il y avait désaccord entre les jurisconsultes romains, sur le point de savoir si l'action en restitution des choses données entre époux, s'étendait aux fruits perçus par le donataire.

IX. — L'innovation introduite par le sénatusconsulte de l'an 206, doit s'appliquer non pas seulement aux *donationes rerum*, mais à toutes les donations prohibées auparavant.

—

ANCIEN DROIT FRANÇAIS.

I. — L'ordonnance de 1731 n'a pas aboli les donations à cause de mort entre époux, dans les coutumes qui les autorisaient.

II. — Pour déterminer la part à laquelle devait être réduite, en vertu du premier chef de l'édit, la donation faite au nouvel époux, il fallait ajouter la valeur de cette donation à la masse des biens composant la succession du conjoint remarié.

III. — Le nouvel époux avait droit au rapport fictif des dons faits aux enfants en avancement d'hoirie.

—

DROIT FRANÇAIS MODERNE.

I.— Les donations entre époux sont, malgré leur révocabilité, des donations entre-vifs.

II.— Les donations de biens présents entre époux, ne sont pas caduques par le prédécès du donataire.

III.— Les donations entre époux ne sont réductibles qu'à leur date.

IV. — La révocation des donations entre époux peut être demandée pour ingratitude.

V. — Les donations entre époux sont révoquées de plein droit par la séparation de corps prononcée contre le donataire.

VI. — Les libéralités déguisées ou par personnes interposées sont nulles entre époux.

VII. — La quotité disponible ordinaire entre époux est invariable, quel que soit le nombre des enfants.

VIII. — L'art. 917 est inapplicable aux donations entre époux en présence d'enfants communs.

IX. — En cas de plusieurs convols successifs, l'époux

remarié ne peut donner en tout à ses nouveaux conjoints plus d'une part d'enfant le moins prenant.

X. — L'action en réduction appartient non-seulement aux enfants du premier lit, mais aussi à ceux du second, lorsque les premiers négligent de l'intenter.

—

DROIT COMMERCIAL.

I. — L'art. 564, C. Com. ne doit pas être étendu aux donations faites par le mari à sa femme pendant le mariage.

—

DROIT ADMINISTRATIF.

I. — Le droit proportionnel d'enregistrement doit être perçu immédiatement en cas de donation de biens présents entre époux.

—

DROIT CRIMINEL.

I. — Les soustractions commises par un époux au préjudice de l'autre ne constituent aucune infraction à la loi pénale ; l'art. 380 C. P. ne se borne pas à affranchir l'époux des poursuites criminelles ; il efface le délit même, en ne laissant subsister que l'action en réparations civiles.

II. — La poursuite en adultère, exercée contre la femme par le ministère public, sur la plainte du mari, est arrêtée par le désistement du mari, mais non par son décès.

—

DROIT DES GENS.

I. — L'extradition n'est obligatoire que lorsqu'il existe un traité positif à cet égard ; s'il n'en existe pas, elle est purement facultative.

II. — La propriété privée est inviolable, même en temps de guerre.

Vu par le président de la thèse,

A. VALETTE.

Vu par le doyen,

G. COLMET DAAGE.

Vû et permis d'imprimer,

Le Vice-Recteur de l'Académie de Paris,

A. MOURIER.

690 — ABBEVILLE. — IMP. BRIEZ C. PAILLART ET RETAUX.